男性問題から見る現代日本社会

池谷壽夫／市川季夫／加野 泉＝編
Ikeya Hisao　Ichikawa Sueo　Kano Izumi

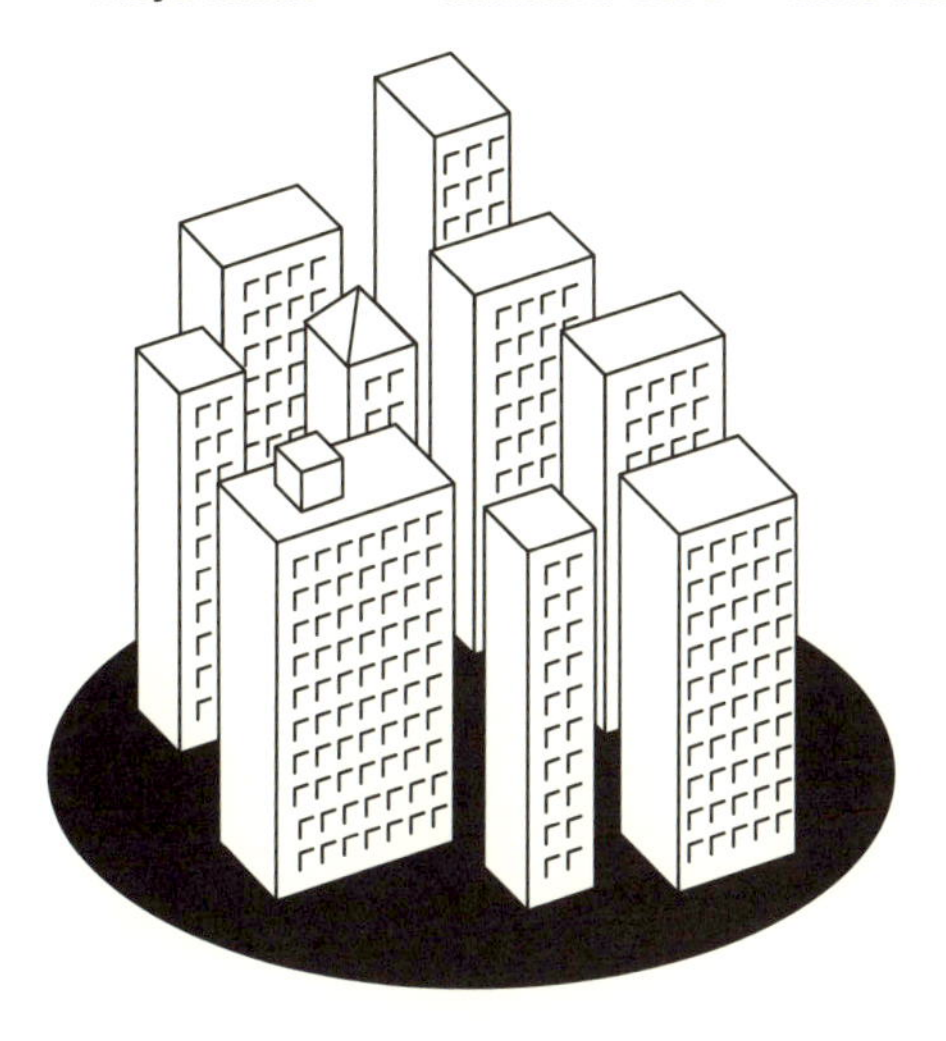

発行＝はるか書房　発売＝星雲社

はじめに——今、なぜ男子・男性を問題にするのか

一九九五年以降の新自由主義的政策のもとで、従来の《男＝仕事：女性＝家事・育児》にもとづいた日本型雇用形態（長期雇用、年功序列、福利厚生）すら破壊され、女性のみならず男性も不安定な雇用を強いられています。しかし、女性の就業は男性よりももっと不安定な状態に置かれ、男性の非正規職員は二一・八％なのに、女性は五六・七％と半数を超えています。しかも、正職員の賃金ですら女性の賃金は男性賃金の七四・八％であり、短時間労働者となると、男性一般労働者の半分でしかありません（『男女共同参画白書』）。ジェンダーギャップを見ても、日本は世界のなかで一〇一位ときわめて不平等な社会になっています（二〇一五年現在）。

差別のもとで女性がかかえるリスク

こうした不平等な社会のもとでは、女性にとって家庭すら安心していられる場とは必ずしも言えません。一つには、こうした男女間の賃金格差と夫への経済的依存のもとでは、「誰がおまえを養っていると思っているんだ！」という言葉に象徴されるように、たえずＤＶ（ドメスティッ

ク・バイオレンス）が引き起こされる危険性がついてまわります。つい最近でも、私の知り合いの若い専業主婦の女性二人が、理由はそれぞれ違いますがＤＶにあっています。

もう一つは、《男＝仕事：女性＝家事・育児》という客観的条件が崩れてきているにもかかわらず、国家の子育て支援政策の不備と男性の側の母性や子育ての無理解もあって、女性は子どもを産み育てるという初めての経験を一人で引き受けなければなりません。生まれてくるまでは、男女が一緒に妊婦健診や子育て教室に通ったり、また自治体からも、自治体による程度の差はあれ、さまざまなケアがなされています。なのに、子どもが生まれてしまうと、「さあ、あとは母親の仕事ですよ」と言わんばかりに、子育てが女性一人の手に委ねられてしまい、産後のケアはほとんどなされません。

とくに生後三か月までは、子どもから目を離すことができず、トイレに行くのもままならないし、夜は夜で、授乳で眠ることすらままならないといった大変な時期なのに、男性の援助も社会の援助もほとんど得られません。この状況は、生身の生きた脆弱（ぜいじゃく）な人間を相手にしているのですから、「二四時間のコンビニを一人で切り回す」以上の大変さです。夫や周りからの援助が受けられなければ、誰もが「育児ノイローゼ」になる可能性があるし、場合によっては、どうしようにもコントロールできないわが子を前にして「子ども虐待」に至ってしまう場合もあります（産後クライシス）。

こうした男女不平等な状況を変えるには、「女性活躍」といった抽象的なスローガンにとどまることはできません。男女平等政策の実質的な推進、すなわち、同一価値労働同一賃金の確立、正規職員と非正規職員の賃金格差の解消、安心して妊娠・出産し子どもを産み育てていける産前・産後の社会的ケアの充実、男女の育休取得の物質的な保障などをもっと進めていく必要があります。

なぜ男子・男性を取り上げるのか

では、なぜこの本では、ことさらに男子・男性を取り上げるのでしょうか。

それは、何よりも先に述べた男女平等政策を真に実現していくためには、男女不平等の現実を女子・女性だけではなく、男子・男性もまた、「他人の問題」としてではなく「自分の一身上の問題」として受けとめ、変えていこうとしなければならないからです。男子・男性も、不平等の現実を自分自身がこうむっている「不平等の問題」として受けとめ、女子・女性とともにこの是正を自らの「内的なニーズ」にまで高めることが必要です。そうでなければ、不平等の現実はしょせん他人事にしかなりません。「なんで男のオレが子育てや家事をしなければならないんだ」という不満をいつもためこんでしまったり、時には、「こうなるのは女たちがいらない要求をしてくるからだ」と女性を逆恨みすることにすらなりかねません。

もう一つの理由は、男子・男性が男子・男性であるだけで得ることができる特権や、そこから生じる加害性を見るだけでは不十分で、それと同時に彼らがこうむる「被害性」にももっと目を向ける必要があるのではないかと思うからです。男子・男性を、特権をもった者や厄介な者として見るだけでは一面的ではないでしょうか。彼らは優位な者であるがゆえに、下位の者にとってはトラブルメーカーでしょう。だけれども、彼らは優位であるからこそ、逆に一人で「トラブル」を抱えざるをえない者にもなるのです。こうした両側面をトータルにとらえなければ、男子・男性はたんなる「敵」にしかならないでしょう。トラブルを抱える存在としても見ることではじめて、彼らを「友」としても受け入れることができるのです。問題を〝起こす〟存在としてだけ見るのではなく、同時に問題を〝抱える〟存在としても見るという視点の転換が必要なのではないかと思います。

男子・男性はどうしたらいいか

では男子・男性はどうしたらいいのでしょうか。まずは男であるがゆえに自ずとついてまわってくる特権や優遇（たとえば教育機会が優遇され、賃金が高く、家事や育児を免除されてしまうことなど）に気づく必要があります。しかし、それと同時に、その優遇のゆえに逆に失うものがたくさんあることも見据えていく必要があるでしょう。たとえば、家事や育児を免除されることで、自律のための生活能力が奪われるだけではなく、いたいけな生命に触れ生命のいとおしさを痛感したりする経験や、子どもと無邪気に過ごす至福の時間など、人生において大切なものがいくつも奪われてしまうのではないでしょうか。

そればかりではありません。これまで支配的であったジェンダー規範、たとえば「男性は家族を養うことができなければ一人前ではない」、「男がリードし、女はそれに従うべきだ」といった規範が、その成立基盤であった日本型雇用の崩壊によって、もはや成り立ちえないことを、もっと自分自身の問題として自覚することも必要でしょう。若い世代の正規職員の平均年収を見ても、ましてや非正規ではなおさら、男性が一人で家族を養うことなど不可能に近い話です。いわゆる男性稼ぎ手モデルは、もはや今日の状況のもとでは成り立たないのです。とするならば、好きな人と一緒に暮らしたいと本気で思うなら、共に働いて共に家事をし、子どもがほしければ共に子どもを産み子育てもする、そんな生き方をすればいいのです。無理して妻子を養おうなどとせず、二人で働きながら、共に家事・育児をこなしていけばいいのです。こうした経験を共にするなかで、新たなパートナー関係とジェンダー規範も一歩一歩つくられていくのではないでしょうか。

今、大事なことは、男子・男性が、女子・女性の一定の社会的進出のなかで、男女共同参画社会は「女性中心的な社会」（山本弘之）だとか「女災社会」（兵頭新児）だとか嘆くことではないでしょう。ましてや、自虐的に「オレたちこそが被害者だ！」などと叫んで、女性の社会的進出を揶揄（やゆ）したり、女性を敵視したりすることではないでしょう。

むしろ、女性との対話のなかで、ジェンダー不平等のもとでお互いがこうむっている被害や加害を率直に語り合うことをとおして、お互いの状況を理解し共有し合うことが必要でしょう。そして新しいジェンダー規範を模索しながら、お互いがもっと楽に安心して生きることができるジェンダー平等なホームや社会を構想していくことが求められているのではないでしょうか。そんな思いを込めながら、この本はつくられています。この本をきっかけに、男女の、そしてまた多様な背景をもった人びととの対話が進むことができるように願っています。

（池谷　壽夫）

男性問題から見る現代日本社会◉目次

第5章　妻はなぜ、夫のがんばりを認められないのか…………加野　泉
――子育てにおける夫婦の意識ギャップ

第6章　男女ともにフツーに生きられる社会
——ジェンダーという視点から考える

第1章

「ゆれる」男たち

——家族相談からみる男性問題

市川　季夫

家族という言葉を聞いて思い浮かべるのは、一家団欒、家族旅行、家族写真など心温まる家族のイメージでしょうか？　それとも、骨肉の争い、ＤＶ、虐待などのイメージでしょうか？　後者からは、とても幸せ感などは浮かんできません。

おそらく一人ひとり異なる家族像があり、また同一人物でも時間の隔たりが家族のイメージを変えてしまうこともあるでしょう。たとえば、家族写真を撮った時と数十年後にその写真を手にした時とでは、家族のもつイメージが違ってくる場合もあるでしょう。

この章では、男性の悩み相談で出会った方々をとおして、男性が抱える生きづらさを考えてみたいと思います。男性相談の内容では家族・夫婦に関わる相談が多いので、家族という視点から男性問題を考察します。なお、ここで取りあげた事例は、個人のプライバシーの関係もあり、複数の事例を組み合わせて一般化したものです。

いじめにあって

いじめにあっているA君が、それを親や学校に相談できず、悩んでいます。

電話相談には中学生からも電話がかかってきます。仲間はずれにされた、お金を巻き上げられた、性的な被害にあった、などの相談です。親や学校に相談したのかを聞くと、「相談していない」と言います。このA君のように、いじめを受けても親や学校に相談しない場合が少なからず見受けられます。

最近、マスメディアでは学校でのいじめ問題をよく取りあげています。

学校でいじめにあった時、その子は親にどのように相談しているのでしょうか？　電話相談のA君は、以前親に相談した時、「やり返してこい」と言われ、それ以降、父親にはいっさい相談しなくなったと言います。

よくあるケースでは、子どもがいじめにあっていることを知った父親は、たくましく育ってほしいとの思いから、「やられたら、やり返してこい」と、子どもの事情や気持ちに無頓着（むとんちゃく）に、一方的な物言いをしがちです。母親のほうは夫（子の父）の考え方に同意はできず、子どものいじめをめぐって夫婦間でトラブルになる場合もあります。時には親が、学校側やいじめるほうの子どもの家に乗り込んで抗議することもあったり、いわゆる「モンスターペアレント」と非難されるケースもあります。もちろん、いじめにあっていないのに、親が早とちりをして相手の家に乗り込んでしまうのは問題ですが、いじめが事実である場合には、学校やいじめをする側の親に抗議をすることは、あってもいいと私は思います。

しばしば大人は、いじめの問題を、いじめる子・いじめられる子といったように個人の問題として理解しようとします。あるいは、「あそこの家の子は……」と家庭や家族の問題にすり替えられてしまう場合もよく見かけます。

一方、学校では、いじめの問題に関して加害者・被害者という分け方、とらえ方を嫌います。

同じ学校の生徒であり中立との態度をとり、「けんか両成敗」だとして、お互いに握手させることで「仲直り」をさせたりします。

しかし結局、いじめ問題は何も根本的に解決されることなく、被害にあった子どもたちが苦しんでいるように感じます。

職場のパワハラでひきこもりとなった青年

二〇代後半のBさんは、職場でミスをし、上司から強く注意をされました。それ以降、職場に出勤できず、家にひきこもっています。

家には定年退職をした父親と母親がいます。父親はBさんと顔を合わせるたびに、「早く仕事に就け。仕事など選り好みをしなければ、いくらでもある」とせかします。Bさんは口うるさい父親にストレスを感じていますが、その気持ちを両親に伝えることができません。


Bさんのケースでは、高度経済成長時代を生きた父と、平成時代に育ったBさんの就労観のあいだに大きな隔たりが見られます。

父親の時代は、経済の順調な成長があり、仕事を自由に選ぶこともできました。働くことで生活は豊かになっていきました。しかしBさんの時代の雇用形態は非正規職員が急増するなど、労働条件が大きく変化しました。正規の仕事が減少し、たとえ仕事があったとしても低賃金で、生活することすらままならない場合が多いのです。しかし、自分一人の働きで家族を支えてきたという自負心を持つ父親から見ると、Bさんは「怠けている」としか見えません。

家族相談室では、父親に対して「強い父親を降りる」よう提案しました。Bさん自身も、今の状態をなんとかしたいと悩んでいます。そこに追い打ちをかけるように、仕事に就け、働けとせかされると、かえって反発してしまいます。親が働いていた高度経済成長時代とバブル崩壊後のBさんの時代では、就労条件が大きく異なります。そのことを理解してもらったうえで、父親自身もこれからの生活に不安を抱いていることをBさんに伝えました。四〇年間働いて受給できる年金は、夫婦合わせても三五〇万円にも満たないこと、病気になった時の医療費や介護の費用、そして葬祭費を考えると不安であることなど、親のほうの思いや生きづらさも伝えたのです。そして、将来Bさんに親の面倒を見てくれとは言わないけれど、親がいつまでもBさんの面倒を見ることはできないことを話しました。

すると一か月もしないうちに、Bさんはコンビニで働くようになりました。

家族は同じ屋根の下で同じ釜の飯を食っていますが、一人ひとりの性格やものの見方・考え方に違いがあるのは当然です。まして夫婦は、結婚するまでは別々の環境で育っていますから、生き方や生活習慣の違いがあっても不思議ではありません。ですから、家族はお互いの考え方の違いを認め合い、折り合いをつけながら暮らしています。ただ、この折り合いをつける時、男性にある種のプレッシャーがかかります。

たとえば、女性が仕事を辞めて家にいても、あまり問題にはされません。ところがBさんのように、男性であるがために家族や周囲の批判を受けてしまいがちです。男は働いて家族を養うもの、といった「ジェンダー役割意識」が男たちを生きづらくさせてしまうのです。

以上の二つの事例から、「男は強くあるべき」という男性像を読み取ることができるでしょう。いじめられたら、「やり返してこい」とけしかける父親。「早く仕事に就け」とせかすBさんの父親。二人とも、「男は強くなければならない」といった考え方を持っています。ところが子どものほうは、そのような考え方が理解できません。

今日では、絶対的な力を持った父親は少数派になっています。父親が経済的優位者で、家族の統率者であるという存在感は希薄になっています。父親は強くなくても優しくあってほしい、あるいは健康で長生きしてほしいなど、家族それぞれの父親像が多様化しているのです。強い男性を是とする世代と、多様な価値観のなかで人格形成を行う子どもたちが、家族という同じ空間のなかで共同生活を行うところに、生きづらさの背景を見る思いがします。

仕事と育児のはざまで悩む男性

三〇代のCさんは、結婚して五年目に待望の赤ちゃんに恵まれました。

Cさんの妻は地方公務員をしています。妻が妊娠した時、「この子を出産したら育児休業を取ってね」と言われ、出産前後に一週間くらい会社を休めばいいと思っていた、とCさんは言います。ところが出産後半年を過ぎるころ、妻は再びCさんに育児休業を取ってほしいと言ってきました。でも、Cさんは半年近くも育児休業を取ることに抵抗感があり、家庭と会社の板ばさみにあって悩んでいます。

Cさんが抵抗感を持つ理由はいくつかあります。第一は、育児休業を取ると将来の出世に影響が出るのではないか、という不安です。第二は、育児に自信が持てない、という不安です。第三は、育児休業を取ったりすると、周りから妻に頭があがらない男と思われはしないか、という不安です。でもその一方では、共働きだから、家事・育児は夫婦対等に取り組みたいとも言います（第5章参照）。

Cさんの年代は、バブルの崩壊後に青年期を過ごした世代です。経済成長の終焉（しゅうえん）は、雇用形態に大きな変化をもたらしました。規制緩和により非正規雇用の割合が急増し、賃金も低下しはじめたのです。男性一人の収入では生活が成り立たず、夫婦共働きを余儀なくされました。戦後確立した性別役割分業がゆらぎはじめたのです。

そうしたなかで、政府は「男女共同参画」の名のもとに、男の生き方モデルとして「育児をする男」を打ち出してきました。内閣府は「育てる男が、家庭を変える。社会が動く」のスローガンを掲げて、仕事ができ育児もできる男を〝イクメン〟と名づけ、イクメンプロジェクトを立ち上げました。しかし、企業における男性の長時間労働の是正には少しも取り組もうとはしません。「まじめに会社勤めをすることが幸せにつながる」という父親の姿と、「イクメン」という妻からの要求のはざまで、男たちは生きづらさをかみしめています。

妻に逃げられた男

四〇代のDさんが仕事から帰ると、テーブルの上に妻からの手紙が置かれていました。「お世話になりました。探さないでください」。妻が子どもを連れて家を出て行ってしまったのです。

Dさんは、妻がどうして家を出て行ってしまったのか、皆目見当がつかないと言います。家族のために一生懸命働いてきた。給料はすべて妻に渡してきた。けっして給料が多いとは言わないが、人並みの生活はできていた。子どもが塾通いすることになった時、小遣いが減らされても文句は一言も言わなかった。ギャンブルをするわけでもなく、浮気をしたわけでもない。感謝こそされても、妻に捨てられるようなことはしていない、と言うのです。

後日、家庭裁判所から離婚調停の知らせがあり、調停の過程で、言葉の暴力が原因だと初めてわかったと言います。自分の言葉づかいが、どんなに妻や子どもを傷つけていたか気づかなかった。Dさんには働いて家族を養っているという自負心があり、「男が主で、女が従」という考え方に何ら疑問を持っていなかった。それが、知らず知らずのうちに言葉に出てしまい、家族を苦しめていたと反省したと言うのです。

DVを受ける男性

三〇代のEさんは、「妻の暴力がひどくて家に帰れず、ビジネスホテルにいる。いつまでもこのような生活は続けられず、どうしたらよいか？」と相談してきました。

また四〇代のFさんは、「仕事から帰ると、家のなかから鎖の鍵がかかっており、家に入れない」と悩みを訴えてきました。

男性のDV（ドメスティック・バイオレンス）の被害者は、女性の被害者に比べて少数者であり、その存在の認識が薄く、支援対策は皆無に等しい状況です。

DV被害を受けた男性が「警察に相談しても真剣に取りあげてもらえなかった」と訴えるケースに何度か出合いました。なかには、「自分が被害者なのに、妻が警察にDVを受けていると申し出たために、それを理由に離婚調停が進められている。納得がいかない」と訴える男性もいます。現状では、男性用のシェルターはほとんどなく、やむなく車のなかで夜を過ごさなければならない事例も見られます。

夫婦と子どもで形成される近代家族は、一時「幸せの象徴」でもありました。ところが、幸せなはずの家族のなかで暴力行為が存在し、その実態が明るみに出るようになり、社会的な対応策

図表1－1　暴力相談の内訳

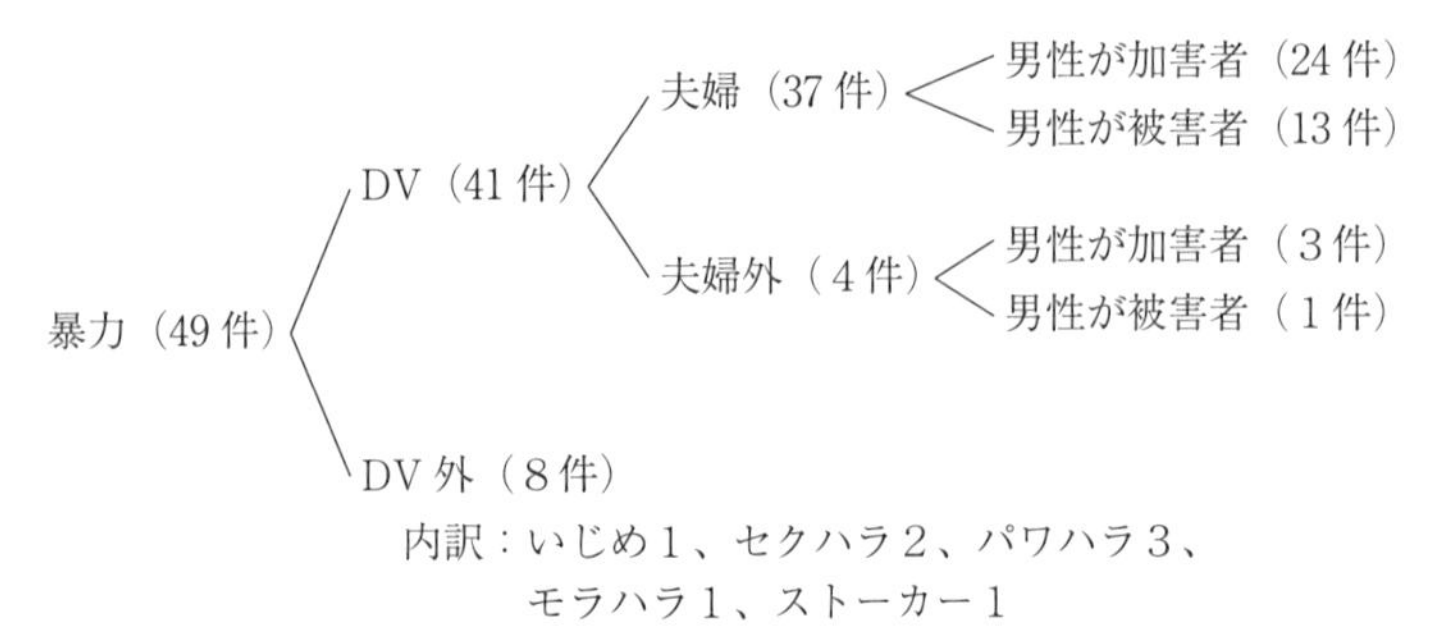

（2010年4月から2014年3月までの4年間に、男性電話相談にかかってきた暴力相談の内訳）

が求められるようになってきたのです。そうしたなかで、二〇〇一年に「配偶者からの暴力の防止及び被害者の保護に関する法律」（DV防止法）が成立しました。

図表1－1にあるように、男性相談では、加害者・被害者を問わずDVに関する相談があります。また自殺に関わる相談もあります。自殺行為は自分自身に向けた暴力ととらえ、その相談にものっています。

DVで相談にくる男性のほとんどは、妻か親族あるいは女性相談機関の勧めでやってきます。自らDVであることの自覚があって、暴力を止めたいと相談にくる人は、それほど多くありません。このことは、男性自身に暴力を振るっている意識が希薄だということを表しています。DVという言葉は知っていても、自分が行っている行為がDVという暴力だと気づいていないのです。「妻に逃げられた男」のDさんも、妻が家を出て行って、やっと気がつくといった具合です。

DV防止法は前文で「配偶者からの暴力は、犯罪となる行為」と明文化しています。にもかかわらず、いまだにDV行為が絶えないのは、どうしてなのでしょうか？

せっかくできたDV防止法も、保護命令など被害者が避難することに重点が置かれています。被害者の救済は何をおいても最優先されなければなりませんが、加害者をそのままにしておいては、問題は解決しません。DV行為は犯罪ですから公的に処罰を課し、再度暴力を行使しないための教育をあわせて行う必要があります。この時重要なことは、再発防止教育としてジェンダー教育を行うことです。

その理由は、DV加害者の言い分のなかにあります。①口争いになると言い負かされる、②妻に負けては男がすたる、③妻が先に手をあげた、などです。夫婦関係において、男である夫は女である妻に負けることが我慢できないと言います。

男は女より優れているという考え方は、戦前の家父長制に通じる差別の考え方だと思います。その背景には、戦後男性が経済的に女性より優位に立ってきたことがあるようです。それが、男が女より勝っているという考え方を助長し、学習させたようにも思います。

差別は暴力ですから、差別をする側は被差別者のうらみをかいます。暴力で相手を負かし、その場は収まったかに見えるトラブルも、相手の心を傷つけ、うらみを醸成し、信用を失うことにつながるでしょう。DV夫婦で、被害者から離婚を突きつけられるのはそのためです。

暴力は夫婦や家族の関係を壊すことを肝に銘じておきたいものです。

自分の人生って何だったの?

五〇代の既婚者Gさんは、職場の部下である二〇代の独身女性と不倫関係に落ちてしまいました。Gさんは二年前、単身赴任で某市にきましたが、西も東もわからず、なにかにつけ部下の女性から話を聞き、情報を得ていました。その女性はGさんを父親のように慕い、仕事以外にも個人的な相談をすることが増えていきました。三年目の忘年会の後、二人は男女の関係になったと言います。

Gさんは、五〇歳の誕生日を迎えた頃から、定年が頭にチラつきはじめ、「自分の人生って何だったのか」と、自分の生き方を振り返ることが多くなったと言います。

「会社のため、家族のため、子どものためと思いながら、ただひたすら働いてきたが、自分のためには何をしてきたのだろうか?」自分のしたいことを後回しにして、人のためにばかり生きてきた自分が、哀れに思えてきた。そんな時、部下の女性と過ごすひとときが、かけがえのない時間に思えたと言うのです。

この年代の男性の多くは、会社における出世の限界が見え、また昇給も期待できません。一方、家庭では子どもの学費や住宅ローンの支払いが家計の負担になっている場合が少なくありません。家族からは、もっと稼いでほしいとのプレッシャーもかかります。

会社と家庭の板ばさみに悩むGさんは、自分の人生を振り返った時、黄昏（たそがれ）に差しかかっていることが意識され、このまま人生を終わりたくないという焦りを感じたと言います。この焦りが魔のさす瞬間だったのかもしれません。

退屈な老後

退職後、妻と離婚し、一人暮らしとなった六〇代のHさんは、「生活費には困らない。時間もたっぷりある。身のまわりのことは自分でできる。健康はまずまずだ。しかし何をしても面白くない。退屈で仕方がない」と言います。

一人暮らしも家族の一つの形態です。

定年退職と離婚を同時期に経験したHさんは、寂しいとは言わずに、退屈だと言います。妻と別れ、人恋しさの寂しさを感じるというより、たっぷりある時間の前で何にも興味がわかず、退屈な毎日を送っているようです。

結婚相談所を開業している知人に、高齢男性の結婚相談の申し込み動機を訊いてみました。動機のトップは「話し相手が欲しい」、続いて「炊事、洗濯、掃除など身のまわりの世話」を希望する人が多いそうです。

Hさんに限らず、団塊世代と呼ばれる人たちは、家族のためと思いながら、人生の多くの時間を会社に費やしてきました。結果、家族と共に過ごす時間はそれほど多くはなかっただろうと想像されます。家事・育児は妻に任せっぱなし。そして定年退職して職場を離れると、毎日家族と顔を突き合わせても会話はかみあわず、妻とも別れることになってしまった。そうして、説明のつかない無力感に襲われ、生きづらさの壁に突き当たったのではないか。私はそう推測しています。

いっそ無理心中をしようか

還暦を迎えた妻が脳こうそくで寝たきりとなり、全面介護をしています。食事の世話から、おしめの交換までしていますが、介護に疲れ、「いっそ無理心中をしようか」と、よからぬ考えが頭をよぎります。

男性の多くは、将来妻から介護を受けることを想定できても、自分が妻の介護をすることはあまり想像していないでしょう。ところが、少子高齢化が進むなかで夫が妻の介護をするケースが増えてきました。介護とはオムツを交換するだけではありません。食事、清拭、金銭や薬の管理、場合によっては、認知症になった妻から理不尽な要求をつきつけられることもあります。家事に不慣れな男性が、周りとのつながりも少ないなかで孤軍奮闘するケースが増えてくることでしょう。介護は育児と異なり、いつまでその状態が続くのか終わりが見えません。介護者自身の体力的な限界もあり、将来を悲観して思わぬ事態を引き起こす場合があります。

「二〇一三年一二月、七七歳の男性が若年認知症の妻（六四歳）の介護に限界を感じ、妻を殺害した」という事件がありました（『朝日新聞』二〇一六年三月二〇日付）。

長年一緒に暮らしてきた夫婦の最後のステージがこれでは、あまりにも悲しいですね。このような事件は、戦後日本の生活モデルであった性別役割分業の結果、引き起こされたと私は考えます。男性が家事・育児・介護力を身につけ、必要な時には社会的な援助を求める力を身につけていたなら、このような悲惨な事件は起こらなかっただろうと思います。若い時期から、働きながら家事・育児・介護力を身につけられるような社会システムと教育が必要だと思うのです。

もちろん、介護をもっぱら家族だけの責任とせず、もっと安心して公的介護を受けられる社会システムが必要なことは言うまでもありません。また、介護職員の不足を解消するためにも、介護職員の抜本的な待遇改善が必要です。

それとともに、家庭内で家族の誰もが働きながら介護のできる力と、それを支えるシステムも必要でしょう。一方的に、男性に対してバリバリ働きながら介護力も身につけるべきだと言っているわけではありません。これからの家族生活は、性別役割分業ではなく、男も女も平等に働きながら、家事・育児・介護なども対等に行えるような社会システムが必要ですし、困難にぶつかった時、地域や社会に援助を求められる力を身につけることも必要だと思うのです。

戦後家族と男性の生きづらさ

家族を個人と社会を結ぶ場としてとらえた時、社会の変動により家族の形態や機能もまた変化します。たとえば、戦後の日本が第一次産業から第二次・第三次産業を中心とする社会経済構造へと変動するなかで、家族も変化を遂げてきました。地方から都会に人びとが集まり、やがて結婚して都市周辺に家族を形成していきました。

多くの人が第一次産業に従事していた頃は、大人も子どもも、女も男も同じような仕事をしていました。ところが都市に集中した人びとは、会社勤めをして賃金労働者（サラリーマン）となり、結婚して子どもが生まれると、男は会社、女は家事・育児という性別役割分業が一般化しました。いわゆる近代家族の大衆化です。

戦後の憲法で、法律的には男女平等となりましたが、近代家族は男たちを優秀な労働力として社会に送り出す役割と、次世代を担う子どもを産み育てる役割を社会から要請されてきたのです。その結果、表向きは男性が生活費を稼ぎ、「家族を養う」社会となりました。

一方、個人にとっての家族形成は、経済の成長時代にあっては生きる目標でありました。一生懸命に働くことによってマイホームを購入し、冷蔵庫、洗濯機、自家用車など耐久消費財をそろえ、物質的に豊かな生活を手にすることができました。サラリーマン生活は庶民の夢であり、生きがいでもあったのです。

先に紹介したGさんは、「会社のため、家族のため、子どものためと思いながら、ただひたすら働いてきた」と言っています。Dさんは「人並みの生活はできていた」と言っています。この二人の事例からも、男たちは給料を妻に渡せば、自分の役割を果たしていると思い込んでいたのではないでしょうか。妻は子育てに専念し、子どもに対して夫よりさらに高い学歴と安定した大企業への就職を夢み、夫よりも子どもに関心が注がれていきます。妻の関心が子どもに向かうにつれて、夫は「家族の蚊帳(かや)の外に置かれてしまったようだ」と嘆息します。

こうして近代家族の中核でもある性別役割分業は、専業主婦をつくり出しました。税金制度に見る配偶者控除や、国民年金制度の第3号被保険者などは、それを推進するためにつくられた制度です。もっとも、その当時でも多くの女性は、家事・育児もしながら、家計を支えるためにパート労働をしていました。にもかかわらず、男性の視点から見ると、男たちは「自分が家族を養っている」という意識を超えられず、「家族と共に暮らす」ことができなかったように思われます。

戦後経済成長を支えてきた団塊の世代の多くは、今では定年退職して自由な時間を手に入れました。ときどき私は、退職した高齢者が地域を浮遊する光景を夢に見ることがあります。男たちは退職を機に職場に出勤しなくなった分、家にいる時間が増えました。その手に入れた時間をどのように使うのか。退屈な人生にするのか、いきいきと充実した人生にするのか。その分かれ目は、地域との結びつきにもあると思います。

退職後、毎日の生活エリアが職場から自分の住んでいる地域に変わります。長年、男中心の会社人間で生きてきた男たちにとって、地域に溶け込むことは容易ではありません。会社では管理職者として部下に指示したり統率してきたこと、家庭では「妻子を養ってきた」という自負心が、地域活動へ踏み出す足を引っ張ります。地域活動では、女性が中心となって運営されている場合が多く、男性は女性の「指揮下」で活動することに抵抗感を抱きがちです。ここにも男意識へのこだわりを見ることができます。

会社とも地域ともつながりを失った男性たちは、家に閉じこもりがちとなります。厚生労働省の「国民生活基礎調査」によれば、二〇一三年では七五歳以上の高齢者のなかで単身高齢者が四五%を占め、高齢者の一人暮らしが進んでいます（厚生労働省編、二〇一四年）。

一人暮らしの善し悪しを言っているわけではありません。かつて私が福祉事務所のソーシャルワーカーをしていた時、亡くなってから何日か経って発見される「孤独死」に何度か遭遇しました。「東京都23区における孤独死の実態」（東京都監察医医務院、二〇一〇年）と「一人暮らし高齢者の動向」（内閣府、二〇一四年）の二つの調査を見ると、高齢男性の一人暮らし人員は同世代女性の半分以下ですが、「孤独死」では男性が女性の四倍以上にのぼっています。

高齢の男性たちは、孤独な生活をしながら「寂しい」との声をなかなか出さない（出せない）。その声を詰まらせる要因の一つが「男の沽券（こけん）」にあるのではないでしょうか。ここにも男の生きづらさを垣間見る思いがします。

誤解を避けるために断っておきますが、定年退職後に夫婦で海外旅行を楽しむなど、幸せな家族がたくさんいることは十分承知しています。ただここでは、あまり語られることのない男性の生きづらさについて、目を背けずに考えてみたかったのです。

男も女も生きやすい社会に向けて

二一世紀に入り、雇用の規制緩和などによって非正規雇用が急増し、雇用環境が悪化してきました。これからの家族は、もはや男一人の収入では生活が成り立たなくなっていくでしょう。実際「この収入では結婚もできない」「結婚しても子どもはつくれない」との若者の切実な声も聞こえてきます。今までの生活水準を維持していくためには、夫婦共働きが必要となってきているのです。

近代家族の中核であった性別役割分業がゆらいできました。このことは、男性中心社会のゆらぎを意味しています。このゆらぎが「男の生きづらさ」を生む源であるとすれば、むしろ私は「男の生きづらさ」を前向きにとらえてみたいと思います。

では、生きづらさを前向きにとらえるとはどういうことか。「妻に逃げられた男」のDさんの事例で説明しましょう。

ここで、Dさんを妻に逃げられたふがいない男と考えればよいのでしょうか？　そうではなく、Dさんの妻が家を出るにあたって、どれほど苦しみ悩んだのかを理解することが大切だと思うのです。これから先、妻はDさんの収入をあてにすることができず、自らの力で新しい生活をスタートさせなければなりません。よほどの決心を要したことでしょう。
ですから調停の結果、かりに離婚と決まった場合でも、自暴自棄を起こさず、妻をうらむことなく、また自分を責めすぎないことです。そして結婚生活がどうしてうまくいかなかったのか、冷静に反省したいものです。妻がDさんの「言葉の暴力」で深刻に悩んでいたことに、なぜ気づけなかったのか？ このような調停の場ではなく、日々の生活のなかで、どうして会話や話し合いができなかったのか？ これまで夫婦で対等なコミュニケーションがとれなかった現実から、真摯（しんし）に学んでいくことこそが、前向きな生き方だと私は思います。
男性中心の社会は、女性にとってとても生きづらい社会です。逆に、女性にとって生きやすい社会は、男性にとっても生きやすい社会だと思います。そうした男も女も生きやすい社会をつくるためにも、男性は女性と共に働きながら、子育ても家事も共に行い、「男が家族を養う」という幻想や、「強い男」という男性像を捨てることが、まずは必要ではないでしょうか。

【参考文献】

上野千鶴子『近代家族の成立と終焉』岩波書店、一九九四年
須藤八千代・土井良多江子編著『相談の力』明石書店、二〇一六年
市川季夫「DVを主訴とした夫婦の面接」（『家族療法研究』Vol. 28, No.3）金剛出版、二〇一一年

名古屋市総務局総合調整部男女平等参画推進室『名古屋市男性相談5年間のあゆみ』名古屋市、二〇一六年
厚生労働省大臣官房統計情報部編『平成26年 グラフでみる世帯の状況』厚生労働統計協会、二〇一四年
内閣府男女共同参画局『男女共同参画白書（平成26年版）』ウィザップ、二〇一四年

COLUMN

戦後社会化システムの崩壊と男性問題

これまで新規学卒雇用、長期継続雇用、年功序列を基調としたいわゆる「日本型企業社会」では、男性の生活は〈誕生→学校（とその補完装置としての家族）→労働市場→結婚→退職→死〉という比較的安定したライフ・ステージとして、段階的に秩序化されていました。また、人生の各段階に応じたコミュニティ（学校、会社や労働組合など）とその公共性のなかでは社会的役割も明確に規定され、男性はそれへ向けて社会化されさえすればよかったのです。

とりわけ大企業では、扶養手当、住宅保障等というかたちで社員の福祉が保障されるだけでなく（日本型福祉社会）、結婚の世話や企業の研修等による技術の伝達をつうじて、若年男性は一人前の大人へと育てあげられていました。企業は若年男性を囲い込むことで、社会化・教育・福祉の機能を一定程度果たしていたし、これに支えられて、《男＝一家の稼ぎ手：女＝ケアする人》といった性別役割システムができあがっていました。ここでは、男性はどんな職業につき、どういう家庭を築いていくのかをほとんど考えることなく、過ごすことができました。

しかし今、「活力あるグローバル国家の創造」へ向けた徹底した新自由主義的政策のもと、「自立」への努力と能力主義、雇用の流動化が推し進められるなかで、不安定雇用が増え正規職員はますます減らされ、これまで劣位におかれてきた女性だけでなく、男性も先行きの不安な生活を余儀なくされています。それは、企業をとおして青年を「大人」へと成長させる戦後の男性中心的な社会化過程の崩壊、社会の波にただ乗ってさえいれば男性を「自立」させてくれる時代が終焉しつつあることを意味します。男性は戦後はじめて「社会化の危機」の前に立たされているのです。

こうした危機を、女性や他の男性たちと協力しながら「自立」へ向けて乗り越えていけるのかどうか、これがはじめて男性に問われているのです。

第2章

男子は学校で損していないか!?

池谷　壽夫

最近、「今の男子はとかく覇気がなくて困る」とか「率先してやるのは女子で、男子はついていくだけ」とか周りから言われるし、当の男子自身も「いつも怒られるのはオレたちで、損しているのはオレたちのほうだよな」と感じたりしています。また授業で「女性と男性とどっちが損している？」と訊くと、「女性にはレディースランチや女性専用車両があって優遇されているうえ、オレたちは痴漢の冤罪にあったりするから、男子のほうが損だ」と多くの男子は言います。でも、どうして「損」（不利益）だと思うのでしょうか。学校で男子が抱えている「損」を明らかにしながら、その問題を一緒に考えてみましょう。

《男子＝理系：女子＝文系》という思い込み

男子の算数や数学の成績は、国語での女子の優位に比べると、男子が少し高い程度です。それなのに、《男子＝理系：女子＝文系》という思い込みは早い段階から形成されています。国立教育政策研究所の調査（二〇一二年）によると、自分は理系だという意識は、男子では中三から高一、高三にかけてほぼ四割となっており、女子では中三、高一、高三ではほぼ二割と、男女ともに固定しています。逆に文系意識は、女子では中三の四一％から高三の六〇％へと学校段階が上がるにつれて増え、男子も女子よりもその割合は低いものの、中三の二一％から高三の四三％へと増えていきます。このように、理系意識は、すでに中学段階で形成され固定されています。

この「思い込み」を促進する大きな要因は、二つあります。一つは、教師の男女構成と教師側の問題です。日本では、男性教員の比率が中学や高校ではかなり高く（小学校三八％に対して中学校五七％。高校六九％）、そのうえ教科でも数学、理科の七～八割が男性教員です（五六ページ参照）。しかも、今日でも教師の多くは、性別役割分業については否定的だけど、男女特性論には肯定的です。とくその傾向が見られるのは、男性教師や中学校教師です。男性教師では、「女らしさ、男らしさを否定すべきではない」「能力や適性は男女で異なる」「子どもが小さいうちは、母親は家にいたほうがいい」「男の子は男らしく、女の子は女らしく育てることは大切だ」などの項目で肯定する割合が高くなっています。また中学校教師のほうが、「女らしさ、男らしさを否定すべきではない」「男の子は男らしく、女の子は女らしく育てることは大切だ」と考えています。

こうした男女特性論のもとでは、男性教師は進路指導では《男子＝理系：女子＝文系》というまなざしで生徒に対応しがちです。また数学の授業でも、教師（男性であれ女性であれ）は、生徒に対して、性に応じた働きかけをしています。男子が答えを間違った場合には、教師はどうして間違ったのかを男子が納得するように丁寧に説明するのに、女子の間違いには、ただ自分が望む解き方を押しつけるだけだというのです。一方、生徒のほうから見れば、教師の構成に見られるように、女子には理系職の女性モデルが身近にはほとんどいないし、男子には女子ほどではないにせよ文系職の男性モデルがいないので、自ずと男子は理系を、女子は文系を選択しがちになります。

図表2－1　保護者の子どもへの進学希望（理系・文系に関して）

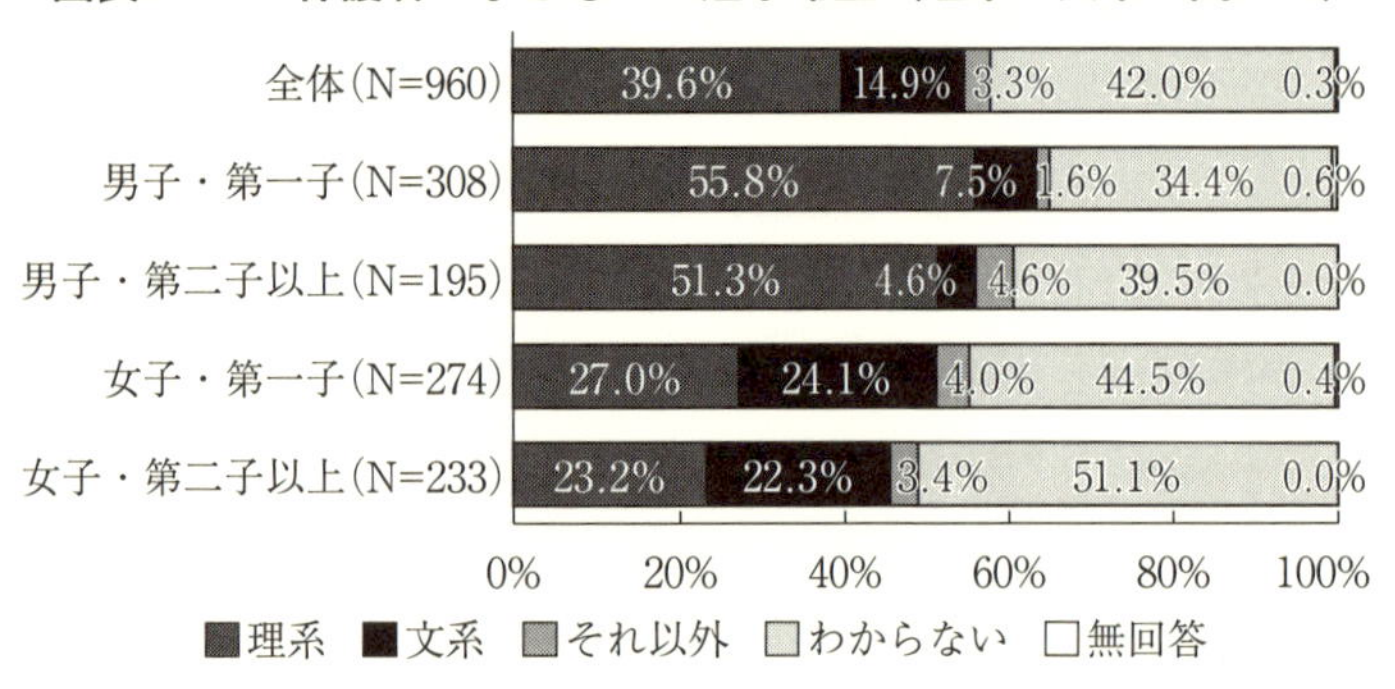

（学研教育総合研究所「小学生白書 Web 版」2013年より）

もう一つは、性別役割分業がまだ確立していたバブル時代を生きてきた親の、子どもの将来の専攻分野に対する思いです。小学生の子を持つ保護者の半数は、高校以上の進学のさいに男子には理系に進んでもらいたいと考えているのに、女子には理系と文系への希望がほぼ半々に分かれています（図表2－1）。

こうした学校での《男子＝理系：女子＝文系》というジェンダー的環境と親の願いのもとで、しだいに男子は数学を、女子は国語を好みがちになり、それがまた《男子＝理系：女子＝文系》という思い込みに拍車をかけることになります。

将来の希望は？――狭められる将来

将来の夢や希望を聞くと、どうも男子は有名な学校や有名な大学に入りたいと、「有名」にこだわっていて、将来の夢を女子ほどには持てないようです。これに対して女子は、「人の役に立つ仕事をしたい」とか「好きなことを生かした仕事にしたい」と思い、将来の夢を描き、男子よりも多様な職業を考えています。

どうしてこうなるのでしょうか。その背景には、一つにはこの間に進められた日本型雇用形態（長期雇用、年功序列など）の破壊と非正規職員の増大という雇用の不安定があります。もう一つは、雇用が不安定であっても、若者が就職や学業で失敗しても再挑戦できる社会的な保障（たとえば、スキル・アップの教育費とか住宅費の保障とか）があれば、いろいろ夢も描けるのでしょうが、それが日本ではきわめて脆弱だということです。しかも男子は、そんなことはできない経済的・社会的状況なのに、今でも「男性は家族を養わねばならない」と女子以上に思い込んでいるので、なおさらいい大学に入り大企業に就職するという一縷（いちる）の望みにしがみつきます。実際、「一生懸命勉強すれば、将来よい暮らしができるようになる」と考える中学生は、二〇〇二年から二〇一二年にかけて六割から八割へ、高校生では五割から八割へと大きく増えていますし、父母も子どもほどではないにせよ四割になっています（NHK放送文化研究所編『NHK中学生・高校生の生活と意識調査　2012』）。

しかも、大学受験対策と称して、多くの高校では文系・理系といったコース制や類型制が敷かれ、二年生になる前にすでに生徒は理系か文系かを選ぶことを迫られます。こうして、一流の大学・会社に入るために、進路選択で男子の多くは、自分も周りも《男子＝理系》と思い込んでいるので、迷わずにいわゆる理系コースを選択し（「迷わず理系」）、迷った場合でも周囲の親や教師の働きかけで理系へと進路を変えたり、自分の意志に背いて理系をめざしたりしています。そ

図表２-２　就業者数の産業別の変化（平成 15→25 年）

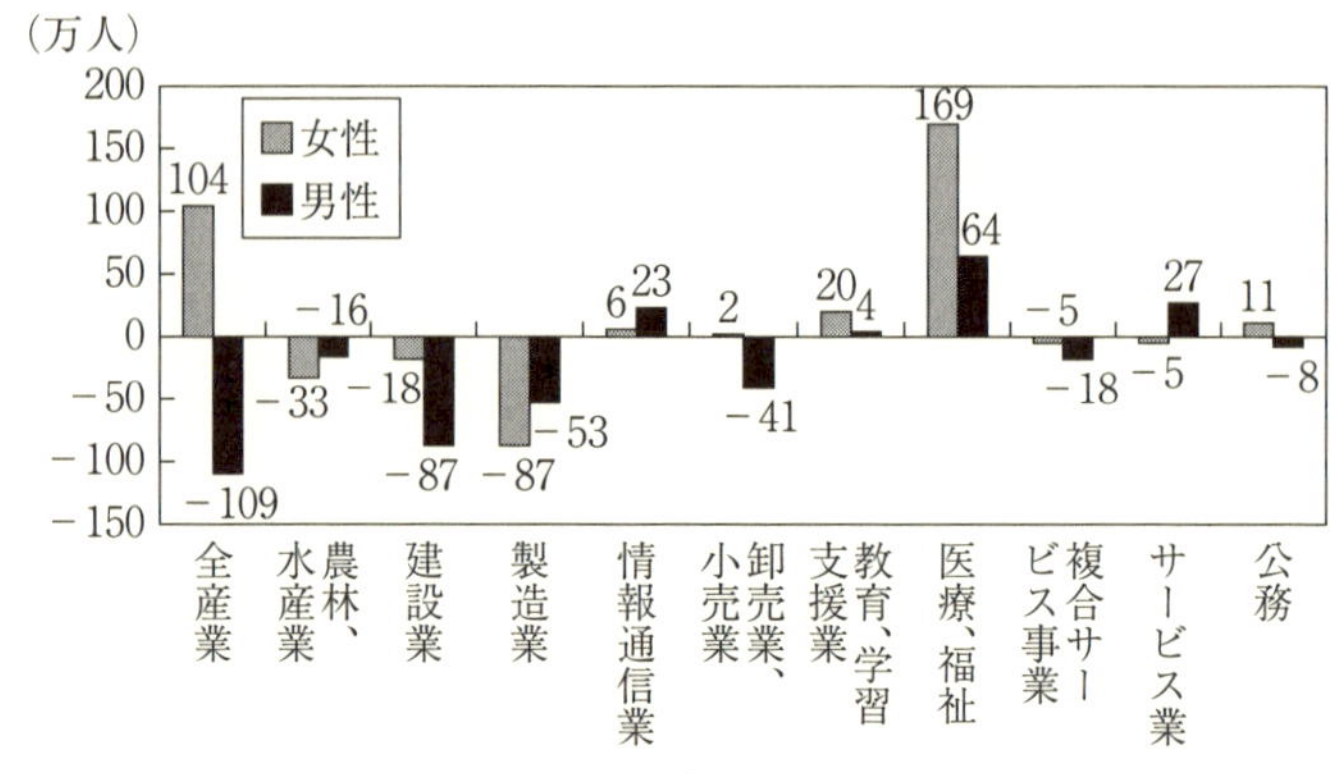

（『男女共同参画白書』2014年版より）

の結果、男子の多くは、大学では理学・工学や就職に有利な法学部や経済学部などの社会科学を選ぶことになります（両者で六六％）。一方、女子のほうは人文・社会科学が多いものの（四七％）、男子よりも多様な学科を選択しています（もっとも、女性向きとされる学科をまだ選択してはいますが）。

今日、産業構造が大きく変化し、建設業や製造業などいわゆる「男性的な職業」が減る一方で、教育・福祉関係の職域が広がり増えてきています（図表２－２参照）。にもかかわらず、男子は理系をめざし、就職するさいにも狭い進路のなかで、相変わらず「男性的な」職業や有名な企業名にだけこだわりつづけています。そのこだわりによって奪われるものがあります。一つは、そのために自分のしたいことや仕事の内容などをじっくり考える機会が奪われることです。もう一つは、大企業や有名企業だけにこだわってしまう結果、就職のリスクを負うことになります。大学のキャリア関係職員の話では、そういう学生は有名な企業の入社試験に落ちると、「もうダメだ」と落ち込んでしまい、有名ではないけれども堅実でユニークな中小企業にはもう目をくれようともしないようです。

こうして、男子は女子と比べると、進路をあらかじめ狭く限定してしまうばかりか、自らの人生を理系、有名企業のサラリーマンに限ってしまいがちになります。この点で、男子は女子よりも大いに損する可能性があるのではないでしょうか。

あおられる競争意識

二つめの大きな損は、女子と比べて男子は、競争とパワーゲームにさらされて、多様な他者と触れ合い、お互いをケアし支え合う関係を持てないという点で、女子よりも大きなリスクや脆弱(ぜいじゃく)性を抱え込んでいるのではないかということです。

この間、子ども・青少年は学校での競争にますます巻き込まれ、テストづけにされています。政府・文科省は二〇〇〇年の「PISA（OECD生徒の学習到達度調査）ショック」以降、グローバル競争に勝ち抜く人材（いわゆる「グローバル人材」）の育成にもっぱら力を注いでいます。そのために二〇〇七年から全国学力テストを復活させて（毎年小六、中三全員に実施）、「PISA型学力」（キーワード・チェック参照）の獲得競争に彼らを巻き込み、各都道府県も全国学力テスト対策と称して、独自の学力テストを実施しています。

先に見たように、雇用の不安定が進めば進むほど、子どもも親も「一生懸命勉強すれば、将来よい暮らしができるようになる」のでは、という思いにますますしがみつくので、この学力テスト体制にますます巻き込まれます。とりわけ、男子は学力競争に巻き込まれやすくなります。親の多くはまだまだ女子よりも男子のほうに大きな期待を寄せているからです。父親と母親の七割は男子には大学・大学院までの教育を受けさせたいと思っているのに、女子に対しては男子よりも低く、父親で五割、母親で六割となっています（NHK調査）。

こうした親の期待のなかで、男子は《いい大学→いい会社＝しあわせ》という単線的な人生設計にしがみつき、いっそう学校での学力競争に自ら飛び込んでいきがちになります。実際、男子のほうが「日本は競争が激しい社会だ」と強く自覚しながら、いい大学と一流の会社に入りたいと望んでおり、親の期待もあって塾に通う割合も男子のほうが多くなっています。しかしその一方では、「女子はそれほど勉強をがんばらなくてもいい」（ベネッセ教育総合研究所「第4回　学習基本調査・国内調査　高校生版」二〇〇六年）と女子を羨んだり、「親の期待が大きすぎる」とプレッシャーを感じ（同研究所「第4回　学習基本調査・国内調査　中学生版」二〇〇六年）、母親には「勉強や成績にうるさい」（NHK調査）と苛立ってもいます。

こうした競争へのあおりと苛立ちのなかで、男子はいい大学・一流の会社に入るためという外発的な動機にもとづいて勉強しなければと思い、もっぱら友だちとの競争に勉強の意義を見出していきます。しかし、他方では親の期待のなかでプレッシャーを日々感じているので、女子ほどには親に学校の成績や授業のことや自分の悩みごとを話せません。これに対して女子のほうは、友だちと勉強を教え合うことを重視しているだけではなく、学校の成績や授業のことや自分の悩みごともとくに母親とよく話しています。

たしかに男子には、現在の業績・能力重視の社会では、一定の学力達成とその結果として「いい大学」に入れる可能性はあるでしょう。しかしそれは同時に、友だち同士でお互いに支え合う関係を失い、孤立しがちになるリスクをあわせて背負うことにもなります。その一方で、競争になじまない「やさしい」男子は、この競争から脱落し、社会的に排除される可能性があります。これに対して、女子のほうは友だちとの関係を大切にするがゆえに、学力競争での成功をあきらめてしまう可能性があるし、友だち関係に縛られ、それに呑み込まれてしまうかもしれません。しかし、それでもこの先行き不安な社会のなかでは、いざという時に大事になるのは、この社会関係のほうではないでしょうか。自分の悩みや弱さをさらけ出すことができ、それを受け容れてくれる仲間と場があること、これが今必要なのではないでしょうか。

スクールカーストでの「パワーゲーム」

もう一つ、男子には学級におけるステイタスの獲得をめぐる「パワーゲーム」(権力ゲーム)に巻き込まれるリスクがあります。いわゆる「スクールカースト(学級カースト)」という暴力的構造です。

このスクールカーストの上位グループの生徒は、「にぎやか」、「気が強い」、「異性の評価が高い」（モテ）、「若者文化へのコミットメントが高い」（若者の消費文化に敏感）といった特徴を持っています。他方、下位グループの生徒には、「地味」で「目立たない」といった特徴が見られます。そしてこの上位グループは「結束力」を持ち、クラスに「影響力」を及ぼしているだけではありません。教師の側からも「能力」がある生徒だと評価され、生徒指導に利用されたりします。だから上位グループは、クラスのなかで権力を振るうことがいわば公認されています。この上下関係はほとんど固定しており、上位グループから落ちることはあっても、上位グループに這い上がるのはほとんど不可能です。だから、もし付き合っている友だちに「権力」がないとわかれば、その子と友だちになることをすぐにやめて、より高い地位の生徒と友だちになるといった戦略をとって、ステイタスを確保することもあります。

こうしたスクールカーストの権力関係のなかで、「男らしさ」も序列化されます。上位には、活発で消費文化に敏感で女子にモテ、女子ともうまく話せるスポーティな男子が位置し、下位には地味で目立たないし、女子とも日常的にうまく付き合えない、いわゆる「オタク」系の男子が位置することになります。アメリカでいえば、さしずめ上位のスポーツのできる「ジョックス」と下位の「ナーズ」（スポーツ以外の趣味に打ち込む者）や「ギーク」（コンピュータ系オタク）といったところでしょう。

この序列化を維持するために、上位グループの男子には、つねにパワフルでスポーティな押しの強い男子であることが求められます。他方、下位グループの男子は、クラスでつねに自分を目立たせないようにひっそりと生きる（時には「人生を降りる」）ことを余儀なくされます。いずれの場合にしても、スクールカーストが固定されている状況のなかでは、男子はなかなか自分の違った顔や能力を見せて、ありのままに生きることが難しい状況におかれています。もちろん女子にもカーストがあるのですが、「女らしさ」の幅は男子に期待される「男らしさ」ほど狭くはありません。

しかも体育の授業でも、「がんばる」競争能力や、運動能力と体力を中心にしたスポーツ（サッカー、バスケ、野球など）ができることが重視されています。ここでは筋肉と脂肪の少なさ、敏捷性（びんしょうせい）だけが競われ、バランスや調整力などといった体力はさほど重視されません。

多様な出会いのチャンスを失う

こうしたカーストと偏ったスポーツ文化のもとでは、男子は、まず女性的な性質を自他から排除するという手続き（「女ではない」という相互の確認と承認）を経たうえで、さらに「男らしさ」を競い合うなかで、自分が「男であること」を確保しようとします。そうした確認のために標的になるのが、太って鈍重な男子やスポーツがへたな男子、気の弱い「女性的な」性質を持った男子です。とくに後者の男子は「ホモ」や「オカマ」といったレッテルを貼られて貶（おとし）められ、排除されます。これが「ホモフォビア（同性愛嫌悪）」です。こうして、ややもすると男子はカーストで分断されて仲間内でつるむだけではなく、知らずのうちに女性たちをバカにしたり低いものと見なしたりする（「女嫌い」）一方で、ゲイやレズビアンといった同性愛者やトランスジェンダー（「性同一性障害」）を忌避し排除しがちになります。また、空気が読めない者やキモいとされる者、ファッションセンスがない者も、男子からだけではなく女子からもからかわれます。

そのためもあり、男子はますます自分の仲間の境界内に閉じ込もって、その境界を越えることを恐れます。たしかにＬＩＮＥやFacebookなどを利用する者は増えています。しかしそれでつながる友だちの範囲は広がらず、日頃付き合っている友だち関係の範囲を越え出るものではないようです（ＮＨＫ調査）。こうして、男子は女子よりも他者との多様な出会いをあらかじめ狭めてしまうことで、学力競争のもとでと同じように豊かなコミュニケーションと人間関係を築けなくなりがちです。

友だちと一緒、でも不安

では、同じ仲間内に集う男子たちは、お互いに友だちとして心置きなく話せるのでしょうか。残念なことに、必ずしもそうとは言えないようです。中学生でも高校生でも悩みごとの相談相手として「友だち」が一番多いのは確かです。しかし一九九二年以降、その友だちもしだいに減る一方で（中学生で六割から四割へ）、母親が相談役としてしだいに増えています（中学生で二割から四割へ）。相談できる友だちが減る一方で、母親との関係がより緊密になっているのです（Ｎ

ＨＫ調査）。悩みごとを相談できる友だちがいない男子は、中学で一五％（女子七％）、高校で一二％（女子六％）と女子の倍います（ベネッセ教育総合研究所「第2回 子ども生活実態基本調査」二〇〇九年）。

なぜ友だちに相談する者が減っているのでしょうか。それは、友だちへの気遣いが男子でもより強くなっていることと関係しています。先のベネッセ調査によると、「友だちと一緒にいたい」という中学男子が二〇〇四年よりも増えて七六％、高校男子でも七二％に増えています。また「グループの仲間同士で固まっていたい」男子も、中・高で増えています（これに対して、女子のほうはどちらも減る傾向にあります）。けれども、そうした思いの一方で、仲間外れにされないように話を合わせたり、友だちと話が合わないと不安になる男子が増えています。「話を合わせる」男子は中学四六％、高校四三％と、いずれも女子よりも多く、友だち関係で不安を感じる男子も、中学・高校で四割と女子とほぼ同じになっています。そのうえ、ＬＩＮＥがいっそうこうした傾向を助長しています。学校での友だちのやりとりだけではなく、その延長でのＬＩＮＥでのやりとりでも、友だちであることの承認を得つづけるためには、つねに即レスで応答する必要があるし、また「すべる」話はしないように、つねにその場の空気を読み、「キャラ」を演じなければなりません。こうしてＬＩＮＥでは、いわば「相互のつながりによる相互監視の状態」にさらされます。

これまでどちらかというと女子に強く見られた気遣いの傾向が、男子にも広がってきたのです。

けれども、時には自分とは違う「キャラ」を演じてでも友だちに話を合わせる関係のなかでは、相談を友だちに持ちかけることはとても困難です。相談すれば、日常の友だち関係で努力して演じている明るい「キャラ」を場合によってはかなぐり捨てることになるし、お互いに仲間内で見せまいと振る舞ってきた「自分の弱さ」をもさらけ出すことになるからです。こうしてますます気遣いは、「内閉化」への傾向を強めていきます。社会に開かれていない仲間内の関係に自己が閉じ込められるだけではなく、そのなかで承認を得ようとして自分の素顔をすら隠すことで、自己がますます内へ内へと閉ざされることになるからです。

その反面、母親だとそうした気苦労も必要がないので、より気軽に相談できるのでしょう。とはいっても、唯一のよりどころの場である家庭を乱したくはないから、その母親にも、「困らせたくない、傷つけたくない」と気を遣っているので、日頃のちょっとした相談はできても、重要な悩みはどうも女子ほどには話せないのではないでしょうか。

依存と自立への期待のはざまで

「自立」への期待がよせられても、男子は実際には多くの場面で他者に依存しています。たしかに最近の男子は、将来の子育てについては、頭では女子よりも「父親も母親も同じくらいかかわる」べきだ、と考えています（NHK調査）。しかし、実際の家庭生活では、親はまだ《男＝仕事：女＝家事・育児》という性別役割分業観を持っているし、女子よりも男子に教育への期待をかけているためもあって、男子は女子よりも家事を免除され、親にまったく依存しています。「ほとんど手伝わない」男子は、中学で五人に一人、高校・大学では三人に一人にのぼります（内閣府「第4回 非行原因に関する総合的研究調査」二〇一〇年）。

そのうえ母親のほうも、こうした依存傾向を助長しがちです。女子よりも男子に対して「つい面倒を見てしまう」ので、ますます男子は母親に依存するようになります。でも、そうした甘やかしの一方で、父親も母親も男子のほうに厳しい目を向けています。たしかに女子の「言葉づかいが乱暴」なことには、父母は気にしています。しかし、「勉強がおくれている」ことや「意志が弱い」ことについては、男子のほうを強く心配しているのです（NHK調査）。

学校でも、男子は「女性的なもの」と一線を画しながらも、実はいろいろなかたちで女子に依存しています。女子に教科書やボールペン、定規などを借りるとか、時には宿題を教えてもらったり、手伝ってもらったりしています。また班で学習し発表するさいには、男子はほとんど学習に参加していなくても、女子にお膳立てしてもらって、まるでリーダーであるかのように発表したりすることなども、よく見られる光景です。

このように男子は、学校でも家庭でも実際には女性に依存していながら、他方では意志が弱いとか勉強がおくれていると厳しい目にさらされています。こうした雰囲気のなかで、周りの大人が男子に「自立」を一方的にあおるとすれば、どうなるのでしょうか。ますます自立することに不安を持ち、怖気（おじけ）づくのではないでしょうか。そして怖気づいて内閉的傾向を強めるか、あるいは逆に元気でもないのに、「カラ元気」に振る舞ってしまうかもしれません。

「損」の根っこにあるもの

ここで、あらためて学校で男子がこうむる「損」の根っこを確認しておきましょう。まず男性優位のジェンダー秩序と規範のもとでは、男性は男性であることだけで優遇され利益を得ること（ジェンダーによる利益配当）と引き換えに、さまざまな「損」をこうむります。しかし、その秩序を成り立たせていた性別役割分業の基盤すら、今日の社会保障の後退や低賃金と不安定な雇用のもとでは崩れかけています（第6章参照）。もはや男性一人では家族を養うことはできないのです。さらに不十分であれ、この間の男女平等政策の進展のなかで、女性にとっては男女平等が当然だとされるにつれ、男性たちがこれまで持っていた既得権が徐々に侵食されはじめてきています。

この三つ巴の状況に直面して、男性は今、何かわからない「不安」に怯え立ちすくんでいます。これまで女性は男性優位の社会のなかで、高校・大学に進学するさい、就職するさい、そして結婚するか否かのさいに、どのライフコースを選択するのか（非婚か、専業主婦か、結婚・出産を機に退職しその後再就職するか、あるいは仕事を継続するか、子どもを産むか産まないかなど）を否応なしに迫られて生きてきました。それと同じような状況に、ようやく男性も直面しはじめたのです。結婚しようとすれば、もはや家族を一人で養うことができないので、共に働き、共に家事・子育てをする生き方を迫られます。また結婚しない道を選ぶとすれば、家族にパラサイトしたままでいくか、それとも自立した生活を送るかを選択しなければなりません。それが男性の「不安」をつのらせているのです。

「男らしさ」の思い込みから降りてみる

では、どうしたらいいのでしょうか。まずは《理系＝男子》という思い込みや「男性職」へのこだわりを捨てることから始めたらどうでしょう。数学や物理ができることやそれらが好きだからといって、理工系の学部に進む必要はありません。社会科学系でも、そうした理数系の学問が必要な分野はいっぱいあります。しかも、それらができることは、自分がなりたい職業とは直接結びつくものでもありません。また、「男性職」へのこだわりから離れて「女性職」をも視野に入れて考えてみることです。そのうえで、どんなことをしたいのか、そしてそのためにはどのような学問を学ぶ必要があるのかを考えてみることです。

もちろん、男性の職域を拡大するためには、何よりもまず「同一価値労働同一賃金」の原則のもとで男女平等の賃金体系が確立されなければなりません。保育職や介護職に就きたいと思っても、それらが「女性職」とされ、男性が女性を扶養するという前提で低賃金に据え置かれているからです。男子の「損」をなくし、男子の自由を拡大するためにも、男女平等政策をもっと推し進める必要があります。「オレたち損だよな」とひがむだけではダメです。

二つめは、なぜ女性的な性質やホモセクシュアルの人を嫌うのかを考えてみることです。それは、自分のなかにもあるさまざまな「女性的な」性質や「弱さ」を直視しないように、他人にそうした性質をなすりつけて、自分の「男らしさ」をなんとか確保しようとするからでしょう。

この点とも絡みますが、依存はけっして悪いことではありません。むしろ男子には、悩んだ時や寂しい時に、率直に自分の「弱さ」を相手にさらけ出して、自分の思いを聞いてもらうことがもっと必要だと思います。そうするために大事なのは、日常的に相互に依存し合っている現実をまずは率直に認めること、そのうえで次のステップは、そうした依存という「弱み」を男友だちや女友だちにさらけ出し、愚痴も言い合えるような、自分と他人を認め合える関係をつくっていくことです。お互いが依存していることを認め合うことから出発して、自立へと進んでいけばいいのです。それこそが、お互いに助け合いながらつくりあげていく新しい「自律」(関係的自律)のかたちではないでしょうか。

三つめに、コミュニケーションの問題です。なにかといえば「社会的スキル」や「コミュニケーション・スキル」が大事だと言われ、それがあれば万能だと言わんばかりです。でも、それがあるからといって、他者と本当の意味でのコミュニケーションがとれるわけではありません。ここでも大事なのは、仲間内でもお互いに「違い」があることに気づき、認め合うことです。そのためにも、相手の言い分や思いをしっかり「聴くこと」、そしてそれを意見の違いを含めて、何らかのかたちで「受け止めること」です。もう一つ大事なのは、狭い仲間内に閉じ込もらずに、いろいろな人と話してみることでしょう。「オレたち損だよな」とだけ思わずに、いろいろな「損」や「不利益」をこうむっている人、排除されている人とも語り合えるようになれば、お互いの違いとともに、「損」の共通点がもっと見えてくるようになるのではないでしょうか。

［参考文献］

浅野富美枝・池谷壽夫・細谷実・八幡悦子『大人になる前のジェンダー論』はるか書房、二〇一〇年
池谷壽夫・加野泉・茂木輝順「青少年の恋愛と性に関する国際比較調査」（未公刊）二〇一五年
河野銀子・藤田由美子編著『教育社会とジェンダー』学文社、二〇一四年
木村涼子・古久保さくら編著『ジェンダーで考える教育の現在――フェミニズム教育をめざして』解放出版社、二〇〇八年
志水宏吉他『調査報告「学力格差」の実態』岩波ブックレット、二〇一四年
鈴木翔『教室内(スクール)カースト』光文社新書、二〇一二年
直井道子・村松泰子編『学校教育の中のジェンダー――子どもと教師の調査から』日本評論社、二〇〇九年
ファウルシュティヒ＝ヴィーラント『ジェンダーと教育――男女別学・共学論争を超えて』池谷壽夫監訳、青木書店、二〇〇四年

COLUMN

学校環境におけるジェンダーの偏り

子どもたちがほぼ毎日の多くの時間を過ごす保育・教育環境は、必ずしもジェンダー平等な環境とは言えません。まずそこで働く保育士・教員の男女比率は、小学校までは女性が多数を占めていますが、中学校以上になると（特別支援学校と短大を除いて）その比率が逆転して、男性教員が優位になり、大学では女性教員は五人に一人となっています。また管理職でも、幼稚園だけは女性管理職が多いものの、その他の学校種では圧倒的に男性が占めています。

さらに、教科でも大きな偏りが見られます。家庭科では女性教員が圧倒的多数を占めるものの、その他の教科、とくに社会科、数学・理科、保健体育では男性教員が八割を超えています。

こうした中等教育以降の男性に優位な環境が、男子生徒や女子生徒にどのような影響を及ぼしているのかを、あらためて考えてみる必要があります。

学校種別教員男女比（%）

学校種	全体		管理職	
	男	女	男	女
幼・幼保連携	6	94	31	69
小	38	62	79	21
中	57	43	92	8
高（全日・定時・通信制）	69	31	92	8
特別支援	39	61	77	23
大学	77	23	90	10
短大	48	52	78	22

幼～特別支援までは校長、副校長、教頭を管理職、大学・短大では学長、副学長を管理職としている（2015年度学校基本調査より作成）。

教科別教員男女比（高校：%）

教科	女	男
国語	43	57
地理歴史・公民	13	87
数学	13	87
理科	17	83
芸術	41	59
保健体育	18	82
外国語	44	56
家庭	98	2
農業	12	88
工業	3	97
商業	21	79

（2013年度学校教員統計より作成）

第3章

オトコのセクシュアリティが危ない

関口　久志

少し前に「草食系男子」という言葉が流行りましたが、いま男性のセクシュアリティの危機がひそかに問題になっています。もう「草食」ではなく「絶食」という人もあるくらいで、生涯未婚の急増、恋愛からの逃避傾向、性への興味関心の低下等々、予想もつかなかった課題が多く浮かび上がっています。しかし、それらの男性問題は個人責任にされ、社会や教育の問題と認識する人は少ないままです。

そこでこの章では、男性の性的自立をどのように保障するかを、みなさんと一緒に考えていきたいと思います。

学んで変わる男性、変わらぬジェンダーの縛り

大学で「月経」の授業を終えた後、一人の男子学生が質問にきました。

「先生、僕の彼女は寝込むほど月経痛がひどいんですが、どうしてあげたらいいんでしょう？」と心配そうに言うので、「女性によって違うからね。一人でそっとしておいてほしいという女性もいれば、一緒にいてほしいという女性もいるからね。彼女に訊いてごらん」と私は答えました。

三か月後、最終授業の後に、嬉しそうにその男子学生が報告にきました。

「先生、ありがとうございました。彼女は一緒にいてほしいタイプでした。それで、できるだけ一緒にいてあげるようにしたんです。それだけじゃなく、授業で教わったように思いやりをみせようと、寝込んで何もできない彼女のために食事をつくり、彼女の部屋の掃除もしたんです。

そうしたら最近彼女が、あなたとってもいい男になったね、と言ってくれたんです」

私も、「よかったね。あなたの進歩ですよ。よい関係を築けて私も嬉しいです。二一世紀型のいい男性が、また一人増えたね」と喜びを共有しました。

しかし、こうした例とは逆に、旧来の男性ジェンダーのプレッシャーから逃れられず危機的な状況も拡がっています。それを象徴するような出来事が、少し前の夏にありました。私の大学研究室を、まったく見知らぬ中年男性が訪ねてきました。その男性は開口一番、「関口先生ですね。僕に結婚相手を紹介してください」と言ったのです。

驚いて「大学では結婚紹介はしていませんが……」と答えると、その男性は、やにわに私の論考記事が載った新聞を持ち出し、「これを読んできたんですが……」と言いました。

その記事に私は、次のように書いていました。


「最近の若者は未婚化の増加や恋愛難など人間的付き合いの先細り傾向にあり、その背景は経済的貧困と関係性の貧困がリンクしている。『2011年内閣府、結婚・家族形成に関する調査』でも『経済力の格差』『自然な出会い（職場、地域、紹介）の格差』『積極的な出会い（婚活など）の格差』が結婚や恋愛をしたくてもできない原因と分析しているように、格差拡大が若者の孤立化を促進している」

ワラにもすがる気持ちできたであろう男性をむげに帰すわけにもいかず、招き入れて話を聞くと、「四〇代で、病院の契約社員、年収は言いたくないほど低い」と不安定で低収入であることがわかりました。男性は「婚活はしている」というものの、空振りばかりでした。最近の各種条件（職業・収入等）をコンピュータ検索してマッチングするようなシステムでは、彼は検索時点でほぼ対象外になって、何の進展もないまま、入会料・契約料だけを払わされていたのです。

この四〇代の男性は、これからの男性に増えるであろう近未来モデルの一つです。後述するように、高度成長期以降の一九七〇年代半ばから、男女ともに「結婚をしない」選択が増えていきました。それまで偽装婚をすることもあった同性愛者やア・セクシュアル（性愛に興味関心のないタイプ）も含め、選択肢が拡がったのです。しかし一九九〇年代半ばからは、「結婚という選択肢を持てないため逃避する」若者が、とくに男性に急増しているのです。それには旧来の男性ジェンダー役割の期待と縛りが大きく影響しています。

二〇一四年九月に発表された興味深い調査があります。

「あなたは年収一〇〇万円の〇〇さん（ジャニーズ事務所所属の二枚目タレント）と、年収一〇〇〇万円の〇〇さん（さえない役が多い中年男優）、どちらを選ぶ？」という問いに、女性一〇〇人（年齢不問）の回答は、七五％が年収一〇〇〇万円の中年タレントだったというものです（Sagooo ワークス調べ）。

「家族を養うため、安定した職業で十分な収入を得る」。これが、いまだに多くの女性や社会から男性に期待されるジェンダー役割なのでしょう。しかし、高度成長期に右肩あがりで上がりつづけた賃金は一九七〇年代半ばのオイルショック後に頭打ちになり、さらにバブル崩壊後の九〇年代半ばからの「派遣」など非正規雇用の増加で、若い男性の働く環境が悪化し、旧来は女性に多かった不安定低賃金型が増えていきました。厳しくなった現実と変わらぬ期待とのギャップが、若い男性を苦しめているのです。

性的問題の二極化とその背景

格差貧困と孤立無縁化が進む日本で、性において解決すべき問題も貧富の格差と同じく二極化しています。一極は、従来からいわれている、性感染症や妊娠・性暴力などにつながる無防備で自己中心的な性行動を早期から繰り返す問題です。もう一極は、最近増えている、いくつになっても性も含めた人間関係が希薄で孤立し、あえて恋愛や結婚から逃避したり、恋愛や結婚を望んでもできず排除されたりすることで、性的存在として自立が叶わない問題です。この逃避と排除の区別は微妙で、難解です。ネット配信のアダルトサイト「エロゲー」などのオタクで、モテないと自覚し恋愛などからの逃避を語った男子大学生の微妙な心理を紹介します。

「モテないほうに入って、一度入ってしまうとなかなかそこから脱却できないからモテる方あこがれつつ自分で、『いや、それはいらない』っていうアンチテーゼとして首を振っているのか、それとも本当にそんなものいらないと心の底から思えているのかは、ちょっと自分ではわからないんですけれど……略……それもあって今は、恋愛とかセックスとかってことから縁遠いところにいますね」

「(エロゲーなど)2次元がなまじ理想的すぎるせいで、2次元が趣味だって言いきっちゃうともう、『じゃあ2次元みたいな彼女を』っておもったときに妥協できないんですね。絶対」

(田村公江・細谷実編著『大学生と語る性』晃洋書房)

恋愛やセックスを自ら拒否して逃避しているのか、モテないため排除されているのかが本人でさえわかりにくく、バーチャルと現実との区別もつきにくいことが示されています。周りからも同様に個人責任として扱われることが多く、問題と認識されないため、教育や社会的な取り組みは遅れがちです。

実は性的問題の二極化の根は、自己信頼(自慢ではなく、いい意味での自尊感情)と他者信頼(相手の尊重)の希薄という同じところでつながっています。すなわち、自分も他者も何の価値もないと思い外に向かって逸脱や暴力になる場合と、同じく自分も他者も何の価値もないと思い内に向かって閉じこもってしまう場合、この二つに性の問題も分かれると言えばわかりやすいでしょう。今の格差貧困社会は、経済的な貧困だけでなく、人間関係をも貧困にしています。それに加えて、性知識の貧困がいっそうこの二極化傾向を助長するのです。

この傾向は男性においてより深刻です。暴力的で自己中心的な性行動を強要しやすいのも男性なら、逃避・排除による孤立無縁化も男性に多くなっています。

図表3-1、3-2のデータを見ると、性愛においても男性のほうにより孤立化が進んでいて、なかでも非正規雇用者や低収入者に、「交際経験」がなく「未婚」である傾向が強くなっていることがわかります。

つまり、ジェンダー役割の期待もあり、男性のほうが非正規等で貧困であるほど恋愛や結婚という性的関係から排除されていくことを表しています。この背景には、最近の貧困層男性の「生きづらい環境」があります。非正規雇用だと経済的余裕がないのです。しかし、たとえ正規雇用になったとしても、ブラック企業も多く、その場合は低賃金・長時間過密労働で余裕がない。それが出会いの機会とつきあいの希薄さにつながっていきます。

その例を挙げておきましょう。二〇〇九年に派遣労働の青年男性たちを取材した時、一人の男性は次のようにその悲哀を語りました。

「会社のなかでは、正社員と派遣はまったく別扱いで、日常的なつきあいはまったくない。もちろん、合コンなんか誘われたことはない。友人でなんとか合コンに潜りこんだヤツもいたけど、『派遣』と言っただけで参加女性からどん引きされて、相手にされなかったらしい」

同じような体験が、「婚活　介護職と言った途端……」と題して新聞投書欄にも載っていました（『朝日新聞』二〇一五年二月五日付「声」より）。

図表3－1　雇用形態別の婚姻・交際状況（20代・30代）

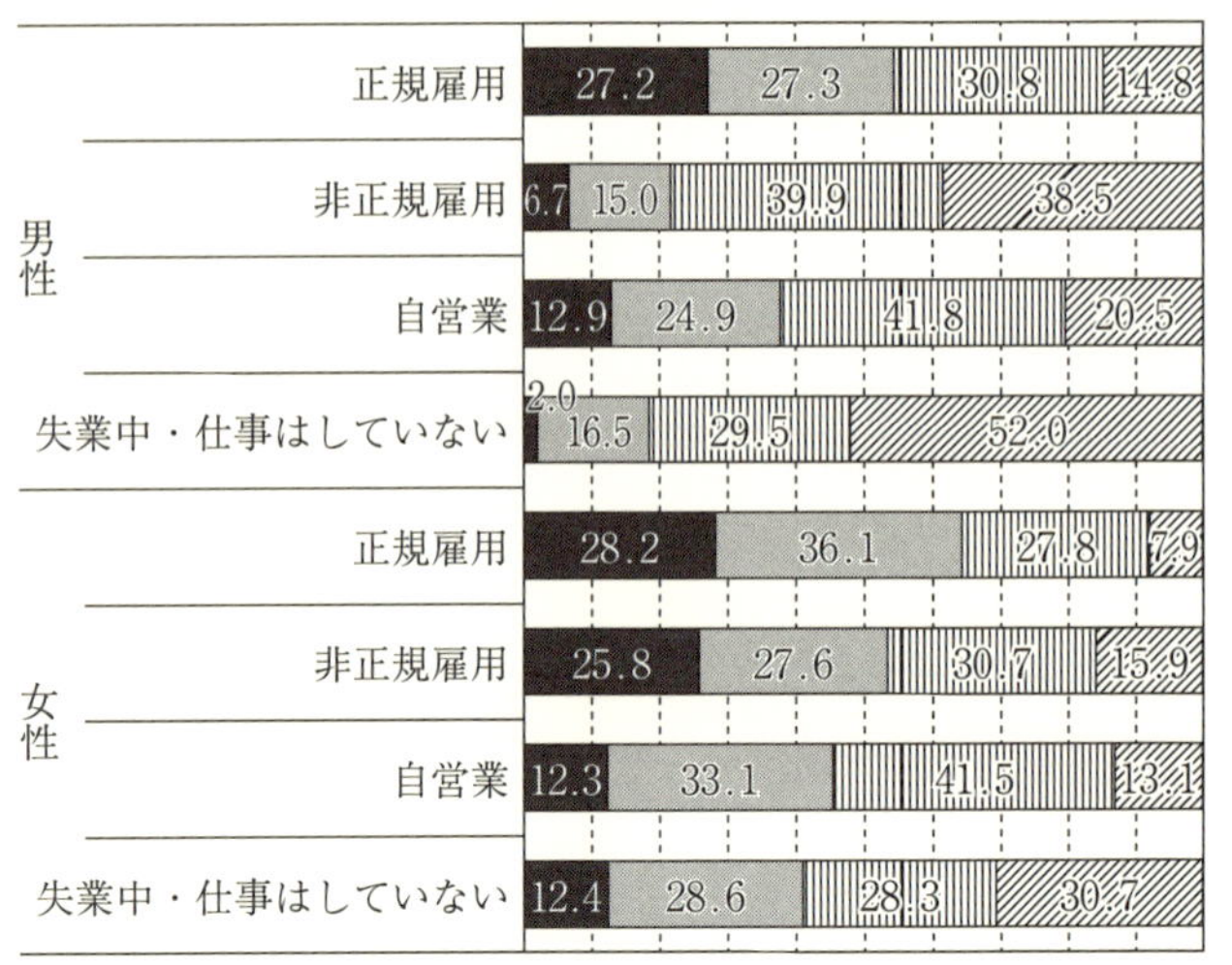

（『国土交通白書』2012年度より）

図表3-2　年収別の婚姻・交際状況（20代・30代）

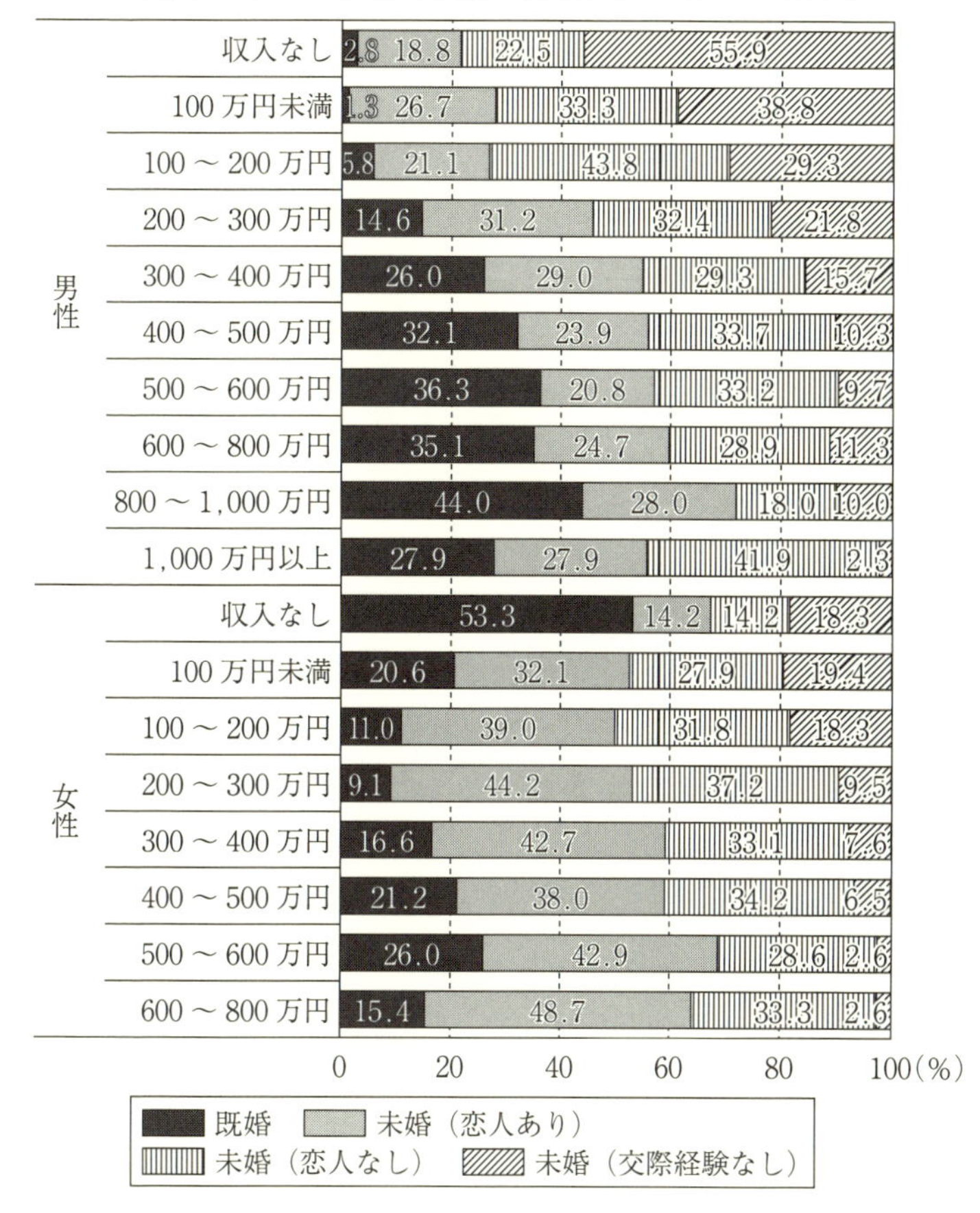

（『国土交通白書』2012年度より）

「私は高齢者の介護施設で働いている。先日、ある婚活パーティーに初めて参加した。男性は、20人ほどの女性一人一人に自己紹介するルールだが、私の職業を話した途端、多くの女性が表情を曇らせたり、『えっ、介護ですか……』と言葉に詰まったりした。

きつい仕事でありながら、他職種より劣る年収面で敬遠されたのだろうか。ある程度は予想できたが、介護に携わる人への評価がこれかと思うと、真摯に受け止めないといけないと思う半面、どうにも悔しかった。

しかし世間のイメージはどうあれ、私は介護職に使命感を感じているし、利用する方の笑顔に何度も救われてきた。祖父母3人の遠距離介護で長年苦労してきた母をみて育った私は、この仕事を天職と思っている。近い将来、高齢化は今以上に進み、介護の問題は深刻さを増す。身近な人に介護が必要になった時、介護職の重要さが分かってもらえるのだろうか。

この業界の構造的な問題でもあるのだが、常に人手不足で低賃金なのは本当だ。介護に携わるすべての人の待遇が改善されることを願っている。そうすれば、この仕事のイメージも向上するだろう」（岡山県・三四歳・男性）

競争による優位性の獲得は旧来の「男らしさ」に不可欠の要素ですが、「国連子どもの権利委員会」から何度も懸念・勧告を受けるような日本の過度な排他的競争教育は、子ども期からの孤立感やコンプレックスに直結し、脱落すると人間関係や恋愛への「あきらめ」にもつながります。加えて一九八〇年代半ばからの「徒党を組んで外遊び⇒室内でのゲーム遊び」という男の子の遊びの大変換は、「交流経験不足から孤立へ」と大きく結びついています。このような複合的な「貧しさ・孤立」が、より男性を恋愛も含めて人間関係から孤立無縁化させているのです。

補足すると、総務省の二〇一〇年「国勢調査」を見ても、三〇年前に比べ未婚率も上昇して、三〇代では、男性三〇～三四歳が四七％（一九八〇年二一％）、三五～三九歳が三六％（同九％）、女性では三〇～三四歳が三五％（同九％）、三五～三九歳が二三％（同六％）となっています。生涯未婚率（五〇歳時の未婚）も三〇年前と比較して、男性三％から約七倍の二〇％に、女性は四％から三倍弱の一一％になり、とくに男性が急上昇しています。これは多様な選択肢から未婚を望んだのではなく、未婚男性の八六％、女性の八九％がいずれは結婚したいと思っているにもかかわらずです。

心地よい人間関係を学ぶ教育機会を

次に記すのは、私のセクシュアリティの全授業を取り終えた男子学生の言葉です。性をポジティブにとらえ直し、より幸せで対等の関係を築いていった様子がよくわかります。

「僕は彼女と一緒に授業を受けていました。そのおかげで、彼女と性について真剣に話し合うことがとても増えました。お互いに何を求めているのか、求めていないのか、性やキスやハグ一つにしても深く考えることが増えました。本当の意味で彼女と向き合えた気がします。これまでうわさやマンガでしか得ることができなかった情報が、どれが正しく、正しくないのか、はっきりわかるようになりました。

僕は以前よりも彼女のことを思いやる時間が増え、内容も深くなりました。このように向き合えるようになって、これまでどこか遠慮がちだった部分が解消され、本当の意味でパートナーになれた気がします」

この学生と共に学んで「本当の意味でパートナーとなれた」と言ってもらった女性の言葉も紹介しておきます。

「私は性に関する知識が人一倍なく、そのようななかで性に対して強い抵抗感を持つようになっていました。大学生になって今のパートナーと出会い、性が身近になっていっても、抵抗感や壁は取り除くことができませんでした。知識不足が、性に対する『恥ずかしい』とか『こわい』というマイナスな思いを生み出していたからだと思います。

でも授業を受け、私の性に対する思いや関係性はがらりと変わりました。

一つは、性に対するマイナスイメージやネガティブな考え方を取り除くことができた点です。〝セックスは大切なコミュニケーション〟ということでオープンに話し合って、抵抗感も感じなくなりました。

もう一つは、パートナーとの関係も大きく変わりました。それまでは受け身であったけど、〝こういうことはイヤだ〟とか〝こうしてもらうと嬉しい〟とか〝これはどうなの?〟と私からも意見を言ったり、質問したりできるようになりました。

これらによって、私の性への思いも変わったし、お互いが尊重できるようになりました。そして、パートナーが優しくなりました。以前は自分が満足するだけじゃないかと思ってしまうこともありましたが、授業をきっかけに私の意見や思いを尊重してくれるようになりました。自分勝手な行為はなくなり、月経痛の時には思いやりをみせてくれるようになりました。

パートナーのどんどん変わっていく姿は本当に嬉しかったです。私のなかで性が明るく素敵なものになりました」

異性愛者だけでなく、同性愛の学生のコメントを紹介しましょう。

「先生ありがとう。僕、生きててよかったです。ありがとう。生きる権利がない……とはいかないけど、もう毎日辛くて仕方なかった。どうして自分はこんなに他の人と違うのかなって。大学に入ってみたら、まさにそう!『女を愛するのが当たり前!』の雰囲気になっている。その状況がいちばん苦しかった。もし、自分が同性の人と付き合ったなら、子どもってどうなるんだろうと考えていました。

でも、子どもが恋愛のすべてじゃなかった。それに気づいただけでも嬉しかった。先生ホントにありがとう。いつかホントにホントに、男と男、女と女、そして老人カップル、いろんな愛が、この僕の生きる日本で実現できますようにと、僕は願っています」

このような幸福達成の多様なロールモデルから入っていくと、学ぶ側の到達目標や意欲も持ちやすくなります。従来多かった「予期せぬ妊娠や性感染症などの恐怖ばかりを強調して、だから我慢しろ」では、リスク意識をあおるだけで、ますます性から逃避する結果を招きます。

学びの不足から性において不幸なトラブルがあることも事実ですが、脅しよりも自他の尊厳を大切にされる経験と、科学的で正確な性知識を獲得することが、人権に配慮した慎重な行動へとつながります。また、トラブルがあっても孤立することなく「援助を求める知識」が身につき、早く立ち直ることにもつながります。

変化についていけない男性

中高年の男性の多くが結婚できているのは、みながつきあい上手で自立していたからというわけではありません。私が「男性の自立」という題で一般向けに講演をした時、ある中年の女性は、「うちのつれあいは、ウンのスリーパターンだけ。首を縦に頷いてウンと肯定、斜めに傾げてウーンと疑問、横に振ってウウンと否定」と笑えない話をしてくれました。それでも、なんとか交際や結婚にたどり着けたのは、職場や地域・家族・親戚・友人らの仲介による「お見合い結婚」

や「紹介から恋愛して結婚」に代表される、出会いから交際、結婚と続く支援構造が大きな機能を果たしていたからです。それに女性は若年定年制度や結婚・出産による寿退社の慣例化などで、生涯安定して働く職も少なく、結婚しないと生活費をまかなえないし、男性は長時間労働のため、結婚して家事や子育てを妻に頼るしかないという事情もありました。

とくに高度成長期は、婚姻率が高く離婚率は低く、世界から「日本人は無類の結婚好き」といわれていました。しかし、結婚支援構造も女性の働く環境も変化し、過去のものとなっています。この変化に、多くの男性や教育がついていけていないのです。そのため男性が性的存在として自立することにさまざまな支障が表出しています。

【ジェクス】ジャパン・セックス・サーベイ」二〇一三年一二月第二回調査によると、セックス経験率が三〇～六〇代までは九割前後で男女差がありませんが、二〇代で大きく差が出て、女性七九%、男性五八%と、男性が二〇%以上低くなっています。

第七回「青少年の性行動全国調査」二〇一一年でも、前回二〇〇五年と比べ、男子大学生六一%→五四%、女子大学生六一%→四七%、男子高校生二七%→一五%、女子高校生三〇%→二四%となって、全体的な減少傾向を示しています。さらに同「調査」では、男女比較で従来高かった男性の性的関心が低下して、「性」や「セックス」という言葉に対するイメージでは「楽しくない」が増加しているといいます。これも平等とは言えませんが、従来から性行為の要求は男性からすることが多いので、この消極姿勢が影響して若者の性的不活発層が、とりわけ男性に増え

図表3-3　セックスレス夫婦の動向

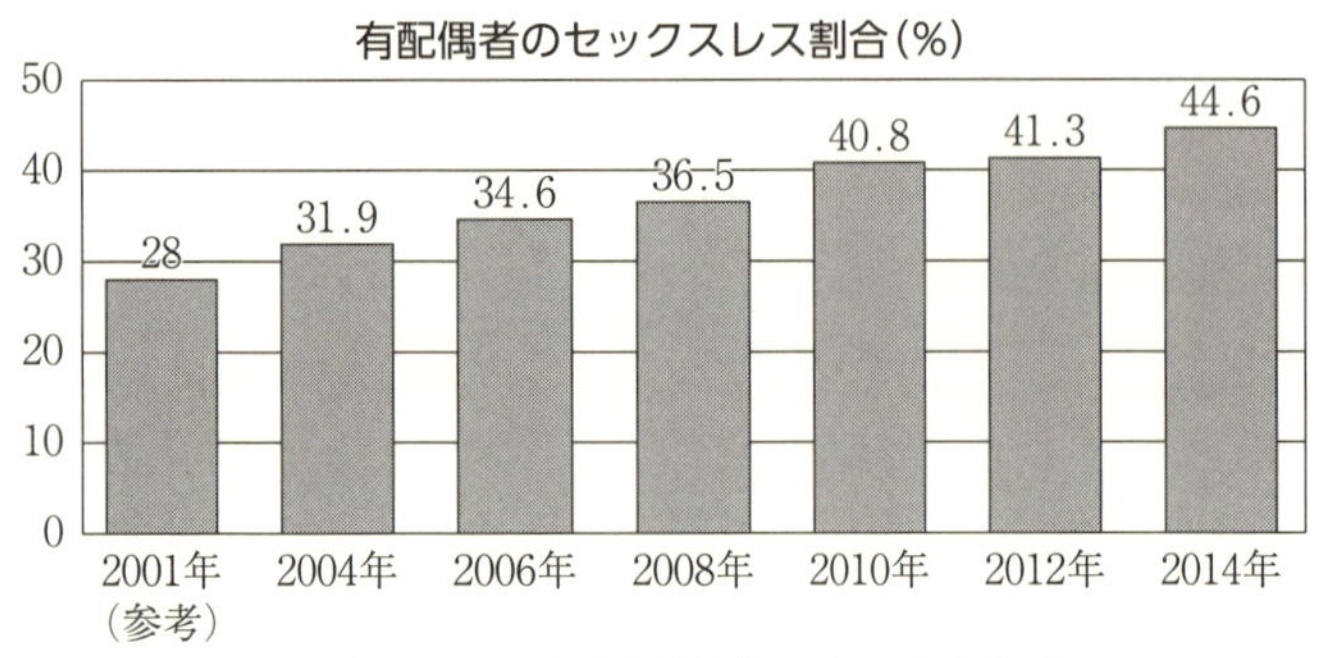

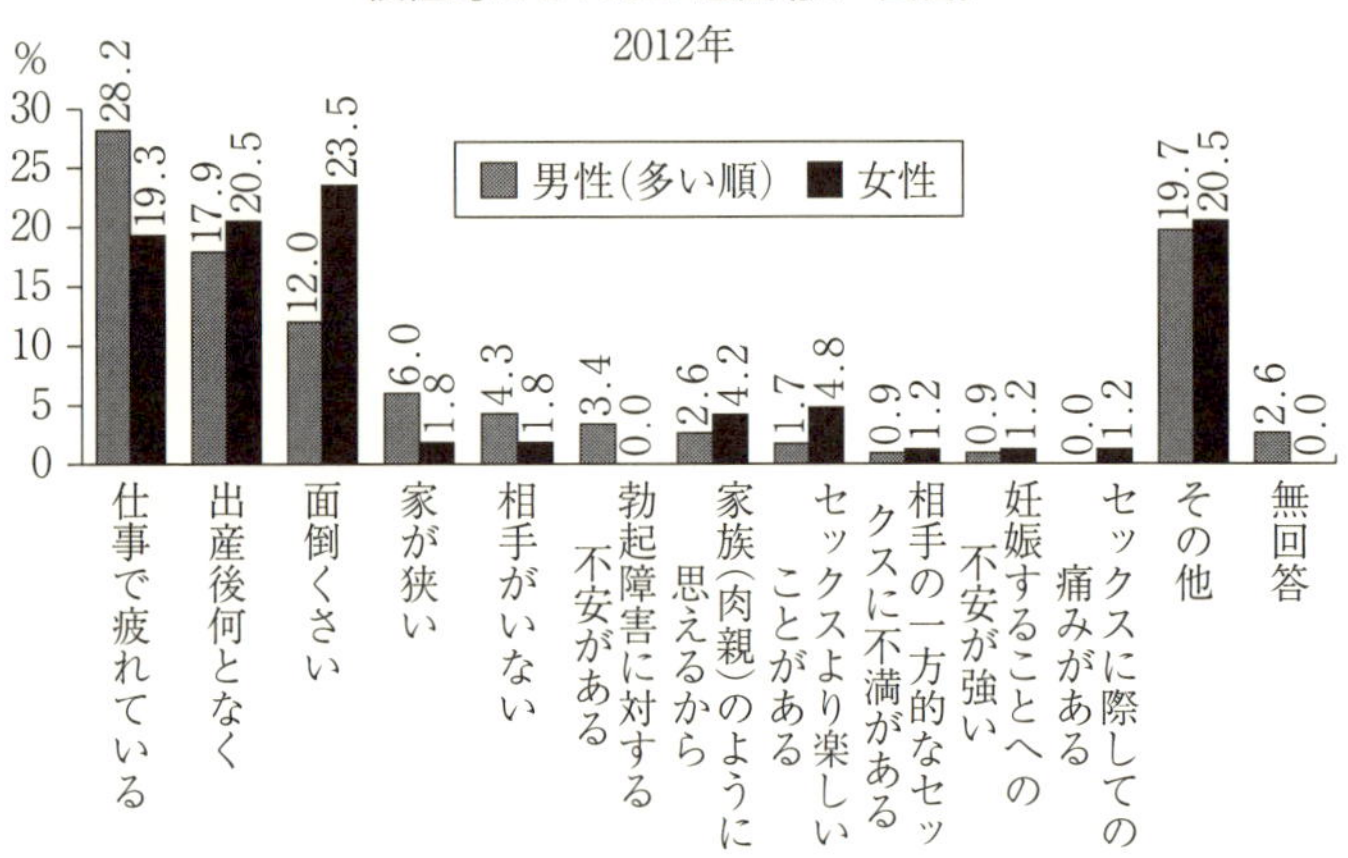

(注) セックスレス割合は「この1か月間は、セックス(性交渉)をしなかった」の回答率。

(日本家族計画協会『家族と健康』731号、2015年より)

ているのです。

このような意識や行動の変化は、短期に遺伝的要因によって変わるわけではないので、社会状況の変化に若者がいち早く反応していると見たほうがよいでしょう。さらに結婚をしたとしても課題があります。図表3－3のように、セックスレスが急増しているのです。

その理由で、男性のトップが「仕事で疲れている」、女性のトップが「面倒くさい」。長時間過密労働がセックスの時間も奪い、会話や豊かなふれあいも奪って「貧しい性」となり、とりわけ「義務・おつとめ」として相手をさせられる女性を面倒くさくさせているのでしょう。そして子どもを持つとなおさら、両性ともに「出産後何となく」セックスから遠ざかってしまいます。

これからの男性への性教育――自他の尊厳が感じられる関係・社会をつくる

では、男性の課題解消のために、どのような性教育が必要なのでしょうか。

これは性教育以前の課題ですが、子どもが子どもとして大切にケアされて、自分の安心できる居場所とふれあいの交流があり、発達が保障されることが性の自立にも不可欠です。子ども期までに「自分の大切さに気づく」ことは「他者の大切さに気づく」ことでもあります。

性においても、乳幼児期から「大切なこと」としてポジティブに対応することが求められます。「いやらしい」「恥ずかしい」とネガティブに押さえつけると、性への嫌悪・無関心につながりやすくなります。この時期の性教育の課題は、(1)からだの大切な器官として性器（ペニス）も大切に扱い、自他の性器の尊厳を認識させる。⑵性被害から自分をまもる。⑶性的自立のためにもスマホやＴＶゲームはルールをつくり管理する、などです。

さらに思春期以降には、性的存在として自立するために「よりよい関係性をつくる」教育が必要です。この自立とは一人で何でもできることではなく、人間としてふさわしい生命の尊重と生活の基盤があってこそ達成できるものです。性的自立も深く社会や人間関係と関わり、性を人権としてとらえてこそ実現できる保障が拡がります。

たとえば、個人の多様さを認めず、「男らしさ、女らしさ」という性別役割を強制するようなこれまでの社会では、男性は「強い男性」として、経済や権力の優位という支配的役割を期待されるため、「弱い男性」と見なされれば、先述したように性的存在としても逃避したり排除されたりしがちになります。また性行動においても、優位性を利用して関係を迫るケースも少なくありません。男性の性は本能として「抑えがたい」「下半身に人格はない」などという言説が、自己中心的な性行動への免罪符として都合よく使われ、ＤＶ（デートＤＶ）などの性暴力につながりやすくなります。

男性にとって大切なことは、「性的欲求や性衝動」を肯定したうえで、その後の性的行動は相手の同意を得て安全に配慮し、相互の信頼が深まるように、自己の言動をコントロールしなくてはいけないということです。

思春期・青年期は、よく大人になるための辛抱の時期といわれますが、性的自立をはかるため

COLUMN

デートDV

DV（ドメスティック・バイオレンス）とは、親密な関係にあるカップル間の暴力を指します。そのなかで、恋愛やそれに近い関係におけるDVを「デートDV」といいます。デートDVの場合、「愛し合っているから暴力なんて無縁」「嫉妬や束縛も愛情表現」といった誤解と、周囲の「結婚しているわけではないから、すぐ別れられるはず」といった偏見によって、問題が顕在化しにくく、深刻な状況に陥りやすくなります。

二〇一五年「男女間における暴力に関する調査」（内閣府）によると、「交際相手から被害を受けたことがある」は全体で一五％、女性で一九％（五人に一人）、男性で一一％（九人に一人）となっており、日常的に起こっていることがわかります。被害者で「命の危険を感じた経験がある」も全体で二一％、女性で二五％（四人に一人）、男性で一二％（八人に一人）となっていて深刻です。しかし被害を受けても、女性の四割、男性の六割は別れていません。

デートDVの種類は「殴る蹴る」だけでなく多様で、次のようなものがあります。

①身体的暴力：相手に向かって物を投げる、叩く、蹴る、噛むなど、またはそのふりをする

②言葉、心理的感情的暴力：汚い言葉を言う（バカ、ブス、デブ、汚いなど）、無視する、嫌がらせ、ストーキング、頻繁の電話・メール、メール履歴チェック・消去、過剰な嫉妬

③性的暴力：合意のない性交渉、交渉時に痛めつけたり侮辱したりする行為、避妊や性感染症予防への非協力、トラブルの責任放棄、裸やセックスの写メをネットで流す（リベンジ・ポルノ）

④経済的暴力：お金を貢がせる、借りたお金を返さない

実際には、これらは複合して起こる場合が多いでしょう。このような暴力への認識がなければ、デートDVを愛情表現と勘違いしてしまうことになります。そのため、「嫉妬・束縛や強制は愛じゃない」「愛とは相手を支配することではなく、相手を大切にし、尊重すること」という基本的理解が必要です。

には、その時期にふさわしい豊かな生活経験と人間関係の充実が必要です。男性もそのような人間関係のトレーニングがあってこそ、相互の人権に配慮した安全で信頼しあえる関係を築いていけるのです。

この時期に必要な性教育の課題は以下のとおりです。(1)変化する心身の肯定。(2)射精を科学的に学ぶ。(3)自慰を自体愛として肯定し、からだにもこころにも優しい仕方を学ぶ。(4)自己中心的な性暴力文化からの解放。

(3)の自慰との関連で指摘しておきたいのが、「膣内射精障害」です。それは、性交を行ったさいに、膣内で射精することが困難になる症状で、男性の不妊原因の一つともなっています。自慰の時、性器への握りが強すぎたり、床やシーツにこすりつけたりするような方法で行うために、膣の圧力や刺激では射精できなくなることが主因といわれています。また自慰の時の「おかず」として、インターネット配信などのアダルト映像の過激でワンパターンの刺激に慣れて、生身の女性の多様で微妙な反応に適応できない場合もあります。だから、自慰においても性器にもこころにも優しい刺激が求められるわけです。

(4)の性暴力文化ですが、恋愛や性の情報源は、女性ではマンガや雑誌などが多いのに比べ、男性ではネットなどのアダルトビデオ・エロゲーが主流を占めています。それが性暴力につながりやすい「認知の歪み」を生む大きな原因になっています。女性を所有するモノとして見て、相手のNOを無視したり、NOを言えない関係を利用することで性行為を強要してしまうのです。

当然のことですが、キスやセックスは相手のある行為ですから、そこには、安全で安心できて互いの信頼が深まる相互満足が不可欠です。ですから、対等平等に合意・納得した「①相手、②時、③場所、④方法」で行わなければいけません。この前提と、①から④の条件を一つでも満たさない性行動は、すべて暴力と認識すべきです。したがって、暴力は夫婦や恋人間でも起こりうることと認識して、合意・納得づくりのための対話を欠いてはいけません。イヤと言わない相手でも、無言だったり、「辛そう・痛そう」であるなら、その行為をやめ真意を聞き直すべきです。それを面倒くさがっては、いい関係は築けません。よい人間関係を築くための対話は、「男性はつねに強くタフでハードに、女性をリードし満足させるべき」という男性のプレッシャーからの解放ともなり、貧困で暴力的な性意識から解放してくれることにもなります。

性的自立を保障する社会へ

「性的自立を支える社会」は、そのための教育や働く環境の改善がなくては実現しません。危機にある男性の性的自立ですが、その保障のためには次の三つの社会的改善が必要でしょう。
(1)人として男として、その生命と生活を社会と他者から尊ばれ傷つけられない、また社会と他者を尊び傷つけず、危害を避けられる。
(2)人として男として、社会から性的存在として包摂され、排除されない。

(3)人として男として、社会・学校において多様で幸せな性的自立のための教育・支援を受けられる。

このような教育と支援のない社会では、男性はますます孤立していきます。また、このような真の自立がないなかでの関係性では、依存・支配・束縛などのＤＶ関係に陥りやすくなるでしょう。

最後に、性の自立度をはかる指標を示しておきます。自分自身や身近な人をチェックしてみて、自立をめざす参考にしてください。

□ 自分のこころとからだ・性を大切に思えて、大事にできる。
□ 周りの人や特定の相手のこころ（意思）とからだ・性を尊重できて、侵害しない。
□ 友人やメディアからの性情報のウソを見抜き、科学的で正確な情報を得られる。
□ 性的な衝動に流されず、予期せぬ妊娠・性感染症や暴力・強制を予防できる。
□ 同性愛など性愛の多様性を理解し、自他の主体性・個別性を尊重できる。
□ 性や恋愛で悩んだ時や困った時に、信頼して相談できる人や機関がある。
□ 友人や特定の相手の悩みやトラブルの相談を受けて、解決につなげられる。

COLUMN

性の多様性――ＬＧＢＴ（性的少数者）の人権

性的選択において何より重要な点は、「性は多様であり、一〇〇人いれば一〇〇通りの性がある」ことを理解し、万人に権利として多様性を保障することです。性には三つの側面があります。

①身体的性別：セックス、からだの特徴による性別
②性自認：ジェンダーアイデンティティ、自分を女（男）として認識するこころの性
③性的指向：セクシュアルオリエンテーション、好きになる相手の性別

この側面から性の多様性は大まかに以下のように整理されますが、実際には、さらに個々多様です。

■性自認が身体的性別と――
▽一致しない場合：「性別違和」「トランスジェンダー」「性同一性障害」
▽一致する場合：「シスジェンダー」

■性自認に対して性的指向が――
▽同性に向く場合：「同性愛」「ホモセクシュアル」「ゲイ」「レズビアン」
▽両性に向く（または性別を問わない）場合：「両性愛」「バイセクシュアル」
▽異性に向く場合：「異性愛」「ヘテロセクシュアル」
▽どこにも向かない（性的欲望を持たない）場合：「無性愛」「アセクシュアル」

■身体的性別で――性染色体・性腺・内性器・外性器などが女性型／男性型に判別しがたい場合：「ＤＳＤ」(Differences of Sex Development)「性分化疾患」「インターセックス」

ＬＧＢＴ（性的少数者）に共通するつらさは、「男（女）らしさ」や「こうあるべき」という姿や振る舞いから外れているため、周囲から疎外されることです。日本はＧ７先進国では唯一、国として「同性婚やそれに準じる制度」がなく、一日も早い支援体制の充実が求められています。

第4章

生きづらさの根源
――ひきこもり問題から考える

南出　吉祥

「自分は生きている価値があるのだろうか？」

そんな漠然とした不安が、ふと頭をよぎることはありませんか？　それはたんに「こころの問題」というだけでなく、社会環境や周囲からの圧力という問題が大きく関わっています。そして、そこには社会全体を覆う「男性的」な生きづらさが潜んでいて、その影響は多くの女性も巻き込みつつ、とりわけ男性において顕著に現れています。

そうした生きづらさを象徴しているのが、「ひきこもり」状態で苦しむ若者たちです。そこでこの章では、ひきこもり問題を切り口にしながら、若者が抱える生きづらさの一側面を見ていきたいと思います。また、その生きづらさは、けっして若者だけでなく、現れ方は異なりますが、親世代にも通じています。そのことについても、ひきこもりの親、とりわけ父親の姿から探ってみたいと思います。

ただ、くれぐれも注意しておいてほしいのは、「ひきこもり」は男性特有の問題ではない、ということです。一般的に「ひきこもり」と聞くと、メディアの影響もあってか、多くの方は男性を思い浮かべるかと思います。しかし実際の調査による数字では、男女比はおよそ二：一で、たしかに男性が多くなっていますが、女性もかなりの人数にのぼります。また数字などには現れておりませんが、セクシュアル・マイノリティの方もいます。自尊感情を傷つけられがちなセクシュアル・マイノリティにとって、ひきこもりは親和性が高い面もあるかと思います。いずれにしても、本章は「男の生きづらさ」だけに焦点を当てているわけではないということをご了承ください。

ひきこもりに至る経路

まず、「ひきこもり」とは、どういう状態を指すのでしょうか？　メディア的なイメージでは、「自室に閉じこもり、ひたすらパソコン相手にゲームやチャットばかりしている」という極端な姿かもしれませんが、自室からほとんど出ない人は一部ですし、多くの人は外出もしています（内閣府の調査では、家にいる時間こそ長いものの、ネットやゲームをやっている人はそれぞれ六三％、四六％にすぎません。ちなみに、ひきこもっていない人の場合、五〇％・三二％となります）。公式な定義としては、厚生労働省の「新ガイドライン」によるもので、

「様々な要因の結果として社会的参加（義務教育を含む就学、非常勤職を含む就労、家庭外での交遊など）を回避し、原則的には6ヵ月以上にわたって概(おおむ)ね家庭にとどまり続けている状態（他者と交わらない形での外出をしていてもよい）を指す現象概念」（厚生労働省「ひきこもりの評価・支援に関するガイドライン」二〇一〇年）

とされています。ひきこもりは、まさに社会との接点を失っている人たちであり、調査をすること自体がなかなか難しいため、あまりその実態はつかみきれていませんが、内閣府の四〇〇〇〜

五〇〇〇人規模の調査によると、推計で二三〜二六万人くらいいるとされています。また、「ふだんは家にいるが、自分の趣味に関する用事のときだけ外出する」という「準ひきこもり」の人も四六万人いるとされ、両者を合わせた六九・六万人が「広義のひきこもり」とされています。

ひきこもりに至る背景・経緯は多様であり、個々人ごとに異なるため、安易な一般化やイメージの固定化には気をつけねばなりません。その前提を踏まえつつ、以下では問題の社会的背景を理解するために、複数の事例を組み合わせた典型的なケースを三つほど紹介してみたいと思います。

■対人関係からの撤退としてのひきこもり

〔事例1〕 Hさん・二二歳

Hさんは中学生の頃、クラスメイトからの激しいいじめにあっていました。担任の先生にヘルプを求めたりもしましたが、それが助けにならないばかりか、よけいにいじめは陰湿化し深刻化するようになってしまいました。やがて不眠状態が続き、朝も起きられなくなっていき、不登校になっていきました。

その後、外出するさいも誰かが自分を見ているのではないか、という不安がつのってしまい、電車など人がたくさんいるところには出かけられないような状態になってしまっていました。親に連れられ相談機関に足を運んだりしたこともあったものの、相談員からのプレッシャーを感じてしまうようになり、しだいに行かなくなりました。

そのまま卒業の時期がきたのを契機に、通信制高校への入学を決意し、最初のうちはがんばって課題もこなしスクーリングにも通っていたものの、しだいに課題提出も滞るようになり、通えなくなってしまいました。その後は、再び学校に通えなくなってしまった自分を責めながら、そんな自分を心配してくれている両親に対する後ろめたさもつのり、悶々とした日々を家で過ごすようになっていきました。

その後、親の知り合いがやっている飲食店でアルバイトをさせてもらうことになりましたが、せっかくの機会を無駄にしてはいけない、相手に迷惑をかけてはいけないと思うあまり、焦って失敗してしまったり、顔色をうかがいすぎてしまったりで、心身ともに疲労困憊(こんぱい)して行けなくなってしまいました。

労働市場からの排除としてのひきこもり

〔事例2〕　Iさん・三四歳

Iさんは、不器用ながらもまじめな性格で、学校で出された課題や宿題はきちんとこなし、無遅刻無欠席を守るようなタイプの子どもでした。順調に大学まで進み、努力家で成績もまずまずの状態ではありましたが、内気な性格もあり、就職活動ではことごとく失敗し、内定は取れないまま卒業することになってしまいました。

とりあえず、学生時代から続けていたアルバイトを数年間継続していましたが、やがてそのバイト先が閉店することとなり、別の仕事を探さねばならなくなってしまいました。しかし当時は不況の影響から失業者も多く、非正規雇用ですら相応の倍率になるような状況で、もともと話下手なIさんは、面接でも落とされつづけていました。ようやく採用されたバイト先は、息もつかせぬ忙しさで人が動き回っていて、新人にも即戦力が求められるような現場でした。そこでIさんは、どうやったらいいかわからないまま立ちすくんでいたら、「わからないなら聞け！」と怒鳴られたり、作業手順を聞こうとして先輩に尋ねてみると、「それくらい自分で考えろ！」と突っぱねられてしまったり、というような状況で、一週間も続けられませんでした。また別の職場では、あまり愛想のよくないIさんはいじめの標的にされ、退職に追い込まれるようなこともありました。

そうやって、さんざん面接で「いらない」と言われつづけるとともに、ようやく仕事にたどり着いても続けられずに離職する、ということを繰り返していくうちに、自分に対する自信も失い、家で求人票を眺めているだけという日々が続くようになっていきました。そして現在は、同居している祖父の病院送迎や家事を手伝いながら、日々を家で過ごしています。

過酷な労働環境の被害者としてのひきこもり

〔事例3〕　Jさん・二八歳

Jさんは、小中高時代は活発で明るい性格で、クラスのムードメーカー的なポジションにいたこともあるような人でした。高卒後の進路を考える段階になり、本人の希望としては専門学校に進学したかったのですが、家計が厳しい状況もあり、進学に必要な資金を用意することができませんでした。仕方なく、まずは就職して家計を助けつつ、お金が貯まったら進学しようと考えていました。

持ち前の明るさで、就職先は難なく決まり、順調に正社員として働きはじめましたが、徐々に会社の業績が悪化し、職場にも人員整理の圧力がかかってくるようになりました。「誰が整理の対象になるか」ということで、みなが疑心暗鬼(ぎしんあんき)になり、職場の雰囲気も悪化していきました。そんななかで、Jさんは解雇の対象にならないよう、長時間労働もいとわず一生懸命がんばって働き、上司からも認められるような存在になっていきました。しかし会社の業績自体は悪化の一途で、仕事量もその責任も日に日に増していく一方で、深夜まで働き早朝から仕事に出る日々が続いていました。その疲れもあってか、あるとき会社で大きなミスをしてしまい、それ以降、またミスをしてしまうのではないかという不安にさいなまれたり、上司の信頼も失ってしまったのではないかと思い焦ってしまったりするなかで、しだいにかつての快活さは失われていきました。

やがて、仕事が終わって帰ってきて、身体は疲れているのにもかかわらず、眠れないまま朝を迎え、そのまま仕事に出かける、ということも起きるようになっていきました。さすがにその状況では体力的にも精神的にも持たないと思い、睡眠薬をもらうために心療内科を受診したところ、うつ病と診断され、病気休職を勧められました。そして診断書を持って職場に伝えたところ、「働かない奴はいらない。明日からこなくていい」と言われてしまいました。それはおかしいと思いつつも、何よりもまずは休みたいという思いが先行していたJさんは、退職届を出して自宅療養をする生活となりました。

しばらく経って、もう薬を飲まなくても大丈夫なほど回復はしましたが、なかなか再度仕事に向き合う気にはなれず、ボーッとテレビを見て過ごす日々が続くようになります。働かずに家にいる自分の状態に対し、昔の友人にも会わせる顔がなく、連絡は断ってしまっています。他方で家計の逼迫（ひっぱく）状況もあり、親からは「治ったんなら、さっさと働け」と一方的に言われたりもしますが、求人広告を見て応募をしようとしても、なかなか電話がかけられず、思いとどまってしまう自分がいます。そして電話すらかけられない自分を情けなく思うとともに、つらさを理解・共有してくれる人もいないまま、ウツウツとした日々を過ごしています。

以上のような事例を踏まえながら、ひきこもりの若者たちが直面しがちな困難について、いくつかの側面にしぼって見ていきたいと思います。

余裕のない職場環境

まず指摘しておきたいのは、多くの若者がひきこもりに至るきっかけとなっている職場の問題です。かつては、不登校支援の延長としてひきこもり支援が展開されがちだったこともあり、不登校と結びつけてひきこもりが理解されることも多かったのですが、ひきこもりの人たちのなかで小中学校不登校経験のある人は二四％程度、ひきこもるきっかけが不登校だったのは一二％にすぎません（ほか、大学不適応は七％）。また、ひきこもりの人は働いたことがない、というイメージも強いようですが、八四％の人は働いていたことがありますし、正社員で働いていた人も四六％にのぼります。逆に、「職場になじめなかった」ことがきっかけとなった人は二四％で、「病気」「就職活動がうまくいかなかった」という、いずれも職場に関係してきそうな要因まで含めれば、六八％の人が就労状況からひきこもりへと至っています。

「職場になじめなかった」という、当人の側の問題のみを取り上げるこの設問自体がやや気になるところではありますが、実はひきこもりの人たちに限らず、離職理由には「人間関係」が高い割合を占めています（厚生労働省の調査では、二〇一三年で二番目）。ただ、その「人間関係」についてもう少し踏み込んで聞いていくと、そこには多くの場合、職場環境の荒廃や体制の不備が見受けられます。Ｊさんのように、会社の経営が傾いていて職場の雰囲気が荒れている場合もあれば、上司から頼まれた仕事に対して「そんな仕事しても意味ないんだけどね」という言葉が投げかけられたり、正社員で入社しまともな研修もないまま現場に立たされ、一〇年以上続けているベテランパートをまとめる役をやらされてみたり、挙げだしたらきりがありません。

また、過労やハラスメント、いじめなどを受け精神疾患を患って辞め、療養生活からそのままひきこもり生活になっていったという人も、かなりの数にのぼります。そこで受けた精神的ダメージがトラウマとなり、療養生活のみでなく、その後の再就職の足かせとしても機能してしまい、長期のひきこもりへとつながってしまう。それが、上記調査での「病気」がきっかけという人たちの実態でしょう。

「ひきこもり」とは、家で過ごしている状態を指す言葉なので、ひきこもる前の労働者としての生活にはあまり焦点が当たらないことが多いように思います。他方で、労働問題の帰結として精神疾患が挙げられることはありますが、それがその後の生活実態としてのひきこもりとつなげて語られることはありません。しかし上述のように、ひきこもり問題の要因（きっかけ）のかなりのウエイトを労働問題が占めていることは確かですし、切り離してはいけない問題だと言えるでしょう。

がんばりつづけることの難しさ

次に、労働環境とも絡んできますが、支援現場を訪れる若者たちの多くに見られる傾向として、「がんばりつづける」ことがなかなかできない、ということがあります。「がんばる」ということは、心理的・精神的な問題としてのみ語られがちですが、そこにも一定の社会的な要因が絡んでいます。それは小さいころからの経験蓄積のなかで培われてきたものと、「もう後がない」という切迫感からくるものと両面ありますが、それなりの支援が必要になる課題であり、ただやみくもに「がんばれ」と言っても解決しない問題です。

では、なぜがんばりつづけられないのか。その一つの側面として、「手を抜く」（サボる）ということに対する苦手意識があります。「手を抜く」というのは「がんばる」の対極にある態度なのですが、実はがんばりを継続させていくうえでは、非常に重要な機能を持っています。一般的には勉強にせよ仕事にせよ、表立って言われるのは「きちんとやるように」ということで、「手を抜く」ことはダメなことだとされていますが、常にフル稼働、全力投球でやっていたら身が持たず、潰れてしまうでしょう。そこで、潰れずがんばりつづけるために行われているのは、そこそこがんばりつつも、ほどよく手を抜いて、メリハリつけながらこなしていくという向き合い方です。それに対し、ひきこもりの若者たちの場合、そのコントロールがなかなかうまくいかず、一〇〇％以上の力でがんばりすぎてしまうか、いっさい手を出さないかという両極端になってみたり、力の出しどころがちぐはぐになってしまったりすることがあります。

では一般的に、その力の加減具合はどうやって判断することができているのでしょうか。そこには、力の加減を教えてくれる先輩や仲間など、周囲の支えの有無が大きく関わっています。あるいは、これまでの成育歴において、安心して失敗できるような環境のもとで、どれくらいトライ&エラーの経験を積んでこられたか、ということの差も大きいでしょう。

そしてもう一つの側面は、「もう失敗できない」という追いつめられ感です。失敗が許されないような状況に立たされた場合には、多くの人はがむしゃらにがんばってその場を乗り切ろうとするでしょうし、手を抜いてなんていられなくなるでしょう。常にその状態に立たされているのが、「世間のルート」から外れてしまったという自責に囚われがちなひきこもりの人たちです。「失敗できない」と思えば思うほど、かえって動きをぎこちなくさせてしまい失敗を誘発してしまう、というのはよくある話かと思いますが、同じような状況がひきこもりの若者たちにも重くのしかかっていたりします。

さらには、そもそも「がんばり」のキャパシティが乏しいという側面もあります。長期のひきこもり状態が続くと、まさに身体的能力が衰えてしまうという面がありますが、たんに身体的な問題だけでなく、精神的な体力もまた、奪われた状態に置かれがちです。この「がんばり」のキャパシティについては、湯浅誠・仁平典宏さんが「意欲の貧困」という言葉で端的に表しています。幼少期からの「やったことがなかったけど、やってみたらできた」という成功体験の積み重ねが、「自分はいずれ、この作業をなんとかやり遂げることができる」という「根拠のない自信」を持つことを可能にして、がんばることができるようになっていきます。その長さ・強さは、各自の生活環境や経験蓄積の差に由来していますが、「なんとかなるだろう」という思いをまったく持てない状況では、精神的なキャパシティはすぐに枯渇してしまいます。ひきこもりという経験により、「根拠のない自信」を根底から崩されたひきこもりの若者たちは、まさに意欲の貧困状態に置かれていると言えるでしょう。

世間からのまなざし

ひきこもりの若者が直面している困難には、働けず収入がないということや、社会との接点を持てずにいるという直接的な問題だけでなく、ひきこもっている状態に対する世間からのまなざしという問題もまた、重たくのしかかっています。社会全体の就労圧力が強いなかで、働かない状態にいる若者は「甘え」として格好の非難対象になってきましたし（「ニート」バッシング）、特異な犯罪と結びつけられ、「何をしでかすかわからない若者」という偏見までも投げかけられるようなこともありました。さらに、ひきこもり状態にある若者たちのなかには、ひきこもる前の時点では自分がそうなるとは思ってもいなくて、むしろ「ひきこもりなんてありえない」とバッシングしていた側の者もいます（受験勉強や仕事で無理してがんばってきた人ほど、批判は強くなりがちです）。そうなると、かつての自分が現在の自分を責めるという状態に置かれてしまい、自己責任のスパイラルから抜け出すのが難しくもなってしまいます。

そもそも社会から排除されてしまうことで生じてくるつらさも相当なものですが、さらにこうした周囲からの否定的な目により、いっそう深く傷つけられてしまうことも少なくありません。

異質排除と自己責任の風潮およびそれを支える制度が強固な日本社会においては、他者からのまなざしで形成される「フツー」という圧力が強くなりがちで、一度社会のレールから外れると、とたんに支えを失う状況に陥ってしまいます。そんな社会において、生き残りをかけた「降りられない競争」(しかし構造上、誰かは落とされていく)が展開され、弱さを見せまいとみなが気を張っている状況が広がっています。

この構図には男女ともに巻き込まれているのですが、その現れ方は若干異なってもいて、男性の場合はその単線性がより際立っています。冒頭で、「男性のひきこもりのほうが問題視されやすい」と述べましたが、「働かざる者、食うべからず」の圧力は、男性により強くのしかかっています。それは、家事・子育て・介護など家庭関係の課題が女性ばかりに課せられがちな側面の裏側でもありますが、男性の場合には「労働」一辺倒で自己の社会的評価が問われてきてしまうため、そこからの排除は自己の尊厳そのものを失うことになってしまいがちです。

親子の軋轢(あつれき)と葛藤

そして、世間一般のまなざしを最も近いところで突きつけられるのが、親の存在だったりもします。親の側の気持ちについては、あとでもう少し詳しく見ていきますが、それなりに働いて家庭を築いてきた(築くことができてきた)親と、働くこともままならない状況でもがいている当人との間での確執(かくしつ)は、多くの家庭で経験する事態です。そこには、親がかつて若かったころの労働市場と現在とのギャップが絡んでいる場合も少なくありません。そして働けていない状態に対する心配や焦りも、やはり娘に比べて息子のほうに高くなりがちです。

親たち（とりわけ母親）は、学校や職場から撤退し家にひきこもっている子どもとの格闘を繰り返しながら、「自分の育て方が悪かったのではないか」と思い悩みます。実際、周囲の人や親戚からそのことを突きつけられてしまうこともよくあります。また当人（子ども）の側としても、社会から向けられる非難のまなざしに自身が潰されないようにするため、「こうなったのはお前のせいだ」と、行き場のない怒りを親に向けてしまうこともあります。そういったなかで、親は子どもへの対応に明け暮れ、趣味や社会的つながりを徐々に失いがちになり、家族もろとも社会から孤立してしまう場合も少なくありません。そうなってしまうと、当人に対しても「自分のせいで親を苦しめてしまっている」という重荷をさらに背負わせ、追いつめてしまうことになったりもします。それゆえ、親自身が自分の人生をきちんと生きられるようにするということもまた、重要な支援課題となってきます。

こうした、ひきこもり問題をめぐる親と子の軋轢の背景には、「子どもの面倒は親が見るべき」「子どもの問題は親の子育ての問題」という、家族主義的な制度や風潮が色濃く反映されています。しかし、たとえば、働いて収入がないと親元を出て一人暮らしができないということ自体、国際的に見れば必ずしも自明なことではなく、そこには若年者・単身者向けの公的住宅政策の弱さという問題があります。またそもそも、成人した子どもであっても面倒を見なければならない

（扶養義務）ということ自体、欧米ではむしろ稀で、「三親等以内の親族」という日本の扶養義務範囲の広さは突出しています。

そうした制度的問題から派生して、未成年者の子育て・教育だけでなく、それ以降の生活においても「親の責任」が強調される風潮は社会に蔓延（まんえん）しています。男女によってその現れ方は異なりますが、「家族のため」という重荷が強いからこそ、その内部で矛盾が生じたさいには問題がこじれやすくなり、状況改善が難しくなるという構図が生まれがちです。

不登校・ひきこもりを受け入れられない男性たち

次に、父親と母親との反応の違いについて、とりわけ父親側が置かれた立場・気持ちに即して見ていきたいと思います。不登校・ひきこもり支援の現場では、相談に訪れる親のほとんどは母親で、なかなか父親は姿を見せてくれません。子どもへの対応に振り回され疲労困憊（こんぱい）している母親と、仕事一筋でまともに子どもと向き合ってくれない（さらに母親の苦悩にもそっけない）父親という構図は、ある種の「典型」として語られたりもしがちですが、そういう事例が多いのも事実です。先に示した「親の苦悩」に対し、よりダイレクトに向き合い格闘しているのは、子育てに従事することが多くなりがちな母親の側です。母親と子どもとの確執がさまざまに展開されるなかで、父親の側は子どもに対する理解のできなさも絡みながら、いっそう仕事に没頭し、家族から距離をとるようになる、という顚末（てんまつ）です。

そういった状態で苦しんでいる親への支援もさまざま展開されていますが、どちらかというと母親のほうがわりと早期に子どもの状態を受け入れられるようになっていきます。そこには接している時間・距離の違いという側面ももちろんあるでしょうが、父親側の苦悩の吐露(とろ)を聞いていくと、実はそれだけにはとどまらない問題も浮かんできます。それは、父親たち自身、ガンバリズムの圧力が蔓延する企業社会の只中で、日々悪戦苦闘しつつがんばっているという現実と、そこから退避している子どもとのギャップを受け入れられない、という問題です。父親側の複雑な思い(うまく言葉にできない場合が多い)の一端を、ごく単純化してみれば、以下のようになるかと思います。

①「自分は家族のために、こんなつらい仕事にも日々堪えながらがんばって働いているのに、こいつは働きもせず、自分の給料でただ飯を食らっているなんて、認めるわけにはいかない!」

②「〈無理してがんばらなくてもいい〉(支援現場でよく投げかけられるメッセージ)ということを認めてしまうと、これまで自分を殺してがんばってきた自分の人生は何だったんだ?」

③「せめて自分の子どもには、こんなつらい思い(職場のつらさ)をさせたくない。だからこそ、今はがんばってもう少し余裕のあるポジションに就けるようになってほしい」

こうした思いは、「ニートバッシング」「生活保護バッシング」などにも共通する典型的な言説ですが、これはある種の「羨望(せんぼう)の裏返し」の攻撃性としてとらえることが可能です。以下、それぞれの思いについて、もう少し掘り下げてみたいと思います。

■自分自身の生きづらさの裏返し

①において前提とされている「つらさ」の内実がどの程度のものなのか、実はそう単純に比較できるものではないのですが、少なくとも物量的には、ひきこもり状態にある人よりも現に働いている人のほうが大変であることは予想されます。その負荷の量の差に対する憤りが子どもに向けられ、「お前もがんばれ」という要求が投げかけられています。しかし、子どもがもっとがんばるようになることが、本当に父親が望んでいることなのかという点には、もう少し検討の余地がありそうです。

少し冷静に考えればわかることですが、たとえ子どもが働くようになったとしても、父親側の負荷の量（がんばり具合）が緩和されるわけではありません。つまり、①の後半はまさに「働け！」という子どもへの要求になっているのですが、前半の「こんなにつらい」「こんなにがんばっているのに」という部分については、子どもの就労の有無にかかわらず、父親自身の苦悩として存在しているし、その後も残りつづけます。

ここで父親が怒りを感じていることの根源には、子どもが働いていない状態というよりも、今自分自身が置かれている仕事のしんどさがあります。いろいろ理不尽なことや無理難題を吹っかけられたり、長時間労働に従事させられている状況に対する憤りを胸の内に抱えつつも、給料をもらい家族を養っていくためには、会社に文句も言えないし変えようがない、という諦めによって押し殺してきた感情があるのです。そうした感情が、子どものひきこもりによって再び引き起こされ、かといって会社に盾突くこともできない状況下で、その感情を引き起こしてしまっている子どものほうに怒りの矛先を向けてしまう、という心性が働いているのです。

「これまでがんばってきた自分」の承認

②については、①の問題とも密接に絡んでいる場合が多いのですが、「現在」のつらさのみに起因するとは限らず、もう少し根が深い側面を含んでいます。

まず、実際にひきこもっている状態のままでも生活しつづけられるという保証があるわけではないですし、「本当にこのままで大丈夫なのか?」という先が見通せない不安もあるため、「無理してがんばらなくてもいい」ということ自体、なかなか受け入れられない面があります。むしろ子どものためにも、自分が動けるうちは必死にがんばって稼いでおかねば、という心境にもなりがちで、それがいっそう子どもにプレッシャーを与えてしまうことにもなったりします。

そういった現実的な問題にまつわる不安・懸念という壁に加え、親自身のこれまでの生きざま・成育歴にも関わる問題が絡んでくることもあります。「がんばって働く」という現場から撤退してしまった子どもの状態を受け入れるということは、「生きるためにはがんばらねば」と思い悪戦苦闘してきた自分自身のこれまでの努力とは相容れないことであり、ある種の自己否定を迫られることになってしまうということです。自分自身に対する承認を確保するうえで、必ずしも他者との比較は不可欠ではありません。しかし、なにかと他者と比較され競争させられる環境が広がっている日本社会においては、どうしても他者否定を前提とした自己承認の構図がつくられがちになります。つまり、「これまでがんばってきた自分」を認めるということの裏側には、「がんばっていない人」に対する否定的なまなざしが潜んでいるということです。その「他者」を認めてしまうということは、それとの対比として肯定してきた自分の「がんばり」の土台が崩されてしまうことになるため、なかなか受け入れられないのです。「がんばっていない」子どもの姿を見るたびに、そのようなことを突きつけられてしまうため、できるだけ子ども・家庭からは距離を置き、ますます仕事に没頭してしまう。そうすることで、①で見た「つらさ」も増していき、いっそう子どもを認められなくなってしまうのです（これと地続きの問題として、企業戦士としてがんばってきた男性の定年退職後における燃え尽きやひきこもりなどの問題なども想起されます）。

将来のために今は我慢

③については、今に始まったことではなく、「立身出世」以降、教育の世界で脈々と繰り返されてきた構図で（「下からの能力主義」）、今を犠牲にしてでも将来のためにがんばるという姿勢にほかなりません。しかし前にも見たように、今や「がんばれば報われる」という時代ではなく

なっています（かつても、それが実質的にどこまで機能していたのかは怪しいところもありますが）。そこでは、どこまで、どのようにがんばればいいかわからないまま、際限のない犠牲の積み重ねに終始してしまうことも生じがちです。さらに③がもたらす問題性として、「結果は努力の賜物（たまもの）」という言説を生み出してしまうということが挙げられます。これは「がんばれば報われる」ということを逆からとらえた言い方ですが、「努力」以前の社会的要因を見えなくさせてしまいます。たとえば進学・就職などを決定づける要因として、実際には各家庭の資源の多寡（たか）がきわめて大きいにもかかわらず、「結果は努力の賜物」とされてしまうことにより、「うまくいかなかったのは自分の努力が足りなかったから」という自己責任の回路が発動してしまいます。それが社会的・構造的問題を見えなくさせるばかりか、周囲からの目はもちろん、誰よりも自分自身が自分を責めるという、逃れがたい抑圧状況へと追い込んでしまいます。

以上のような親の苦悩と親子間の葛藤状況を抜け出していくためには、やはり「個別対応」としてのひきこもり支援だけでは不十分で、（企業）社会全体に蔓延（まんえん）するガンバリズムの圧力を落としていくための労働運動・労働者文化の醸成や、それを可能とする条件としての制度設計（要求）が欠かせません。労働者が分断され労働が個別化されればされるほど、その間に競争構造が生まれてしまい、個々人での「がんばり」を余儀なくされてしまいます。その流れに対抗し、「働く仲間」としての集団を形成していくことで、時には手を抜くことも含め、人間らしく働くということが可能となってきますし、自分で自分を追い込んでしまうような回路を断つことが可能となります。現状では、「支援」と「運動」とはやや離れた地平・論理で展開が進められていますが、それらを地続き一体のものとしてとらえ、活動を進めていくことが今後の大きな課題だと言えます。

「支援」から「社会創造」へ

以上のように、ひきこもり問題は当事者としての若者の問題だけでなく、かれらに向き合うことを余儀なくされる家族にも少なくない影響をもたらすことになります。そしてまた、かれらが直面している困難は、社会全体における就労自立への圧力、そして家族への責任押しつけなどの問題からもたらされています。それゆえ支援の課題としては、まず当人のなかに内面化されている社会規範としての「〇〇しなきゃ」という圧力を解除していくことが必要になってきます。相談のなかで徐々に関係性を紡ぎながら、傷つけられ見失いかけている自己像の再構築を行ったり、居場所において自分が受け入れられていくような体験を積んでいくことで、囚われから解放されるプロセスを踏んでいきます。そして他者からの受容と信頼を育んでいくことで、頼ってもいいんだということが見出され、損なわれてしまった社会との関係を構築し直していく足がかりがつくられていきます。

この「頼ってもいい」と思えるようになること、「助けて」と言えることとは、父親の苦悩の一端にも現れていますが、ひきこもりの問題に限らず、社会全体に広がっている自己責任・家族責任圧力により、きわめて難しい課題にもなっています。「厳しい環境下で耐え抜く強さ」ということが美徳とされ、「弱みを見せてはならない」という圧力が蔓延するなか、そもそも支援の場にたどり着くということ自体、相当高いハードルにもなっています。それはとくに男性に顕著に現れがちですが、この風潮をどう解除していくかは、「支援」以前の切実な社会的課題です。

他方で、支援の現場にたどり着ければそれで安泰かというと、そう簡単にはいきません。ひきこもり支援をはじめ、さまざまな支援政策においてこの間広がっているのが、就労自立への圧力です。困難な状況になってしまうのは就職できないからで、支援を受けるのは就職できるようにしていくためだ、という発想です。たしかに事例でも確認したように、労働市場や労働現場において排除され、ひきこもり状態に追いやられていった若者は少なくありませんし、安心して働ける労働環境の整備は急務の課題です。しかしその課題は、被害者としての若者に向けられるものではなく、労働環境そのものに着手しないことには元も子もありません。そういった状況が放置されたまま、支援現場には「就労達成率」などで成果が測られ、当事者がますます追い込まれていくという状況も広がっています（政策と現場の実情の板ばさみにあい、支援者自身も追い込まれがちですが）。こうした支援のあり方は、実のところ、上記の「厳しい環境下でも耐え抜く強さ」をソフトなかたちで磨いて強化していく、ということにほかなりません。

こうした若者たち（およびその家族）の困難や支援政策の現状もあり、いくつかの支援現場では、たんに「若者を支援する」というだけでなく、若者が自分らしく働き、生きていけるような仕事・暮らしを自分たちで創り出していくという試みも始められています。たとえば、高齢化が進み、稼業や地域の祭り・行事の担い手不足や買い物難民などの問題が深刻化している地域に、都市部でひきこもり・無業状態にあった若者たちとともに支援者が移り住み、共同生活をしながら地域の担い手になっていくという実践があります。そういう地域には、市場化されたサービスにはなりえないような「些細な困りごと」や「手間」がたくさんある一方、同じく市場に出すほどの規模ではない農作物や住宅がたくさん転がっていたりもします。そういう部分をつなぎ合わせていくなかで、金銭価値にはすぐには結びつかなくとも、「人が生きていく」ために必要な条件がなんとか整えられたりもしていきます。

こうした試みで展開されているのは、市場における「できる／できない」という一般化された評価軸にもとづいた実践ではありません。それは地域社会での顔の見える具体的な関係性のなかで、「必要とされる」ということを土台に置いた仕事づくりの営みであり、互いに支え合いながら何かを生産していくという共同作業の場の構築です。また、「親元暮らし」か「一人暮らし」かという、狭義の「家族」だけに生活基盤を閉じ込めるのではなく、「仲間と共に暮らす」という共同生活の試みでもあります。それは、社会的養護や寮生活、修道院など、いろいろな形態でこれまでも実践されてきたものではありますが、近年では若者たちの生活を支え生きぬいていくための術として活用されていたりもします（シェアハウジング）。

他方で、こうした自前の仕事づくりや暮らしづくりの試みが広がりつつあるとはいえ、その実態はきわめて不安定かつ脆(もろ)いものでもあり、安易に称揚してそこだけに希望を託してしまうことは慎まねばなりません。むしろ必要なのは、こうした実践が持ちうる社会的機能や意義をとらえ返し、それを「一部の人」だけを対象とした「残余」にとどめることなく、社会全体の労働・生活・家族のあり方を問い直す作業へとつなげていくことです。それはとりもなおさず、現代社会に一般化され浸透している男性原理および家族主義圧力を溶かしていくことでもあり、「男の生きづらさ」を解消していく回路でもあります。

こうした営みをどのように展開していけるのかは、まだまだ未知数な状況ではありますが、労働環境・社会保障の整備という制度的課題とともに、本章で見てきたような実践的課題もまた、同時に進めていかねばならない作業になってくるかと思います。

【参考文献】

内閣府「若者の意識に関する調査（ひきこもりに関する実態調査）報告書」二〇一〇年七月
東京都青少年・治安対策本部「実態調査からみるひきこもる若者のこころ」平成一九年度若年者自立支援調査研究報告書
文部科学省「児童生徒の問題行動等生徒指導上の諸問題に関する調査」平成二五年度。
厚生労働省「平成25年　若年雇用実態調査」

荻野達史「『ひきこもり』は男性に多い？」、荻野達史ほか編著『「ひきこもり」への社会学的アプローチ』ミネルヴァ書房、二〇〇八年
上山一樹『「ひきこもり」だった僕から』講談社、二〇〇一年
湯浅誠・仁平典宏「若年ホームレス」、本田由紀編『若者の労働と生活世界』大月書店、二〇〇七年
久保田裕之「若者の自立／自律と共同性の創造」、牟田和恵編『家族を超える社会学』新曜社、二〇〇九年
西村光子『女たちの共同体』社会評論社、二〇〇六年
藤里町社会福祉協議会『ひきこもり　町おこしに発つ』秋田魁新報社、二〇一四年
伊藤洋志『ナリワイをつくる』東京書籍、二〇一二年
若者支援全国協同連絡会（ＪＹＣフォーラム）編『「若者支援」のこれまでとこれから』かもがわ出版、二〇一六年

COLUMN

ひきこもりにおける男女差

ひきこもり問題はけっして男性だけのものではありません。しかし、ひきこもりの男女差は男性二に対して女性が一で、やはり男性のほうが多くなっています。この差はどこからくるのでしょうか？

まず大きいのは、本文でも指摘したように、「労働」というものに対する社会的な圧力が、男女で程度が違っているという側面です。男性は「労働」に対する期待が強く、そこから「降りてはならない」という圧力がかかるからこそ、無理してがんばりすぎてしまい、かえって動けなくなる、という構図です。また統計からは、「家事・育児」への専念が省かれるため、女性のひきこもりが埋もれている可能性も大きいでしょう。

他方で、それとは別の興味深いデータも出ています。それは、ひきこもり調査で浮かび上がってきた「ひきこもり親和群」の存在です（推計一五五万人）。この「ひきこもり親和群」とは、実際にはひきこもっていないものの、ひきこもっている人の気持ちがわかり自分もひきこもりたいと強く思っている人たちで、その精神状態や過去の経験は、ひきこもり群の人たちと非常に似通った傾向を示しています。むしろ精神状態としては、ひきこもり群以上に危機的な状況にあり、かなり無理して現場に踏みとどまっている人たちであるとも言えます。その親和群は、女性が六三％を占めており、ひきこもり群とちょうど逆の傾向を示しています。この親和群については、もう少し丁寧な分析が必要になってくると思いますが、ひきこもりにおける性差を考えるうえで示唆的なデータであると言えそうです。

あくまで仮説にすぎませんが、男性の場合は社会的な場面からの被排除・撤退（ひきこもりや自殺）というかたちで「生きづらさ」が現れやすいのに対し、女性の場合はむしろ関係性から逃れがたい状況にとどめられることで、自傷なり依存なりの形態で「生きづらさ」が現れやすくなる、という差異があると見ることもできるのではないでしょうか（ただし、リストカットなど自傷行為は女性に多いイメージがありますが、そもそも実態把握が難しいですし、男性の場合も少なくないので、その点には注意が必要です）。

第5章

妻はなぜ、夫のがんばりを認められないのか

——子育てにおける夫婦の意識ギャップ

加野　泉

数年前、住宅メーカーの営業の方の運転でモデルハウスを見て回った時のことです。担当の方は、三歳と一歳のお子さんを持つお父さん。当時、筆者も長男が一歳になったばかりだったこともあり、車中の話題はずっと子育てのことになりました。その方は「妻が専業主婦のわりには、家事や育児に協力的」という自信があり、休日はいつも、上の子と公園に出かけて砂場やボールで遊んだり、時間に余裕がある時は家族の夕食を作ったり、毎週ゴミ出しもするのだと話してくれました。「でも……」と彼の話は続きます。「仕事以外の時間は全部家族のためにあてているんです。それでも妻は、足りない、足りないと言うんですよ。こちらがどれだけがんばっても、足りない、足りないと。いったい、どういうつもりなのか……」と、かなり困惑している様子でした。

夫は精一杯努力して家族のためにがんばっている。けれども妻はそれを認めない。夫婦の間には図らずも溝ができます。このような育児期の夫婦間の意識差の背景には、何があるのでしょうか。

男性の育児意識は多様化している

「育児をしない男を、父とは呼ばない」というキャッチコピーが新聞の全面広告に躍ったことがありました。一九九九年、厚生省（当時）が初めて公に父親の育児参加を呼びかけたポスターです。当時の男性の育児休業制度の利用率は〇・四%。働く背中を子どもに見せることこそが父親の役割だと広く信じられていた時代に、このコピーは世間に大きな衝撃を与えました。以来、男性の育児休業取得率の向上が政策目標に掲げられ、今や育児を積極的に行う男性を意味する「イクメン」という言葉がすっかり市民権を得ました。男女兼用で使える抱っこひもが圧倒的な人気を博し、背の高い男性が押しても腰に負担のかからない、高さのあるベビーカーも街で多く見られます。

総務省が五年おきに実施する「社会生活基本調査」の統計を見ると、一日のうちお父さんが育児に費やす時間は近年伸びつづけています。とくに末子が0歳のお父さんの育児時間は、一九九六年には三一分でしたが、二〇一一年には六〇分と、ほぼ倍増しています。今のお父さんたちは、戦後の日本で赤ちゃんと過ごしている時間が最も長い世代と言っても過言ではないでしょう。

では、今のお父さんたちにとって育児はどのような意味を持っているのでしょうか。家族社会学のこれまでの研究と筆者が行った育児期のお父さんへのインタビュー調査から、父親の育児意識は大きく四つに分類できます。

(1) 癒しとしての育児
(2) レジャーとしての育児・自分らしさの表現
(3) しつけ・教育のための育児
(4) 家庭責任の分担としての育児

(1)の癒しとしての育児とは、子どもの寝顔を見ることがやる気の源だと感じていたり、子ども

図表5-1　1日のうち夫が育児に費やす時間の推移（単位：分）

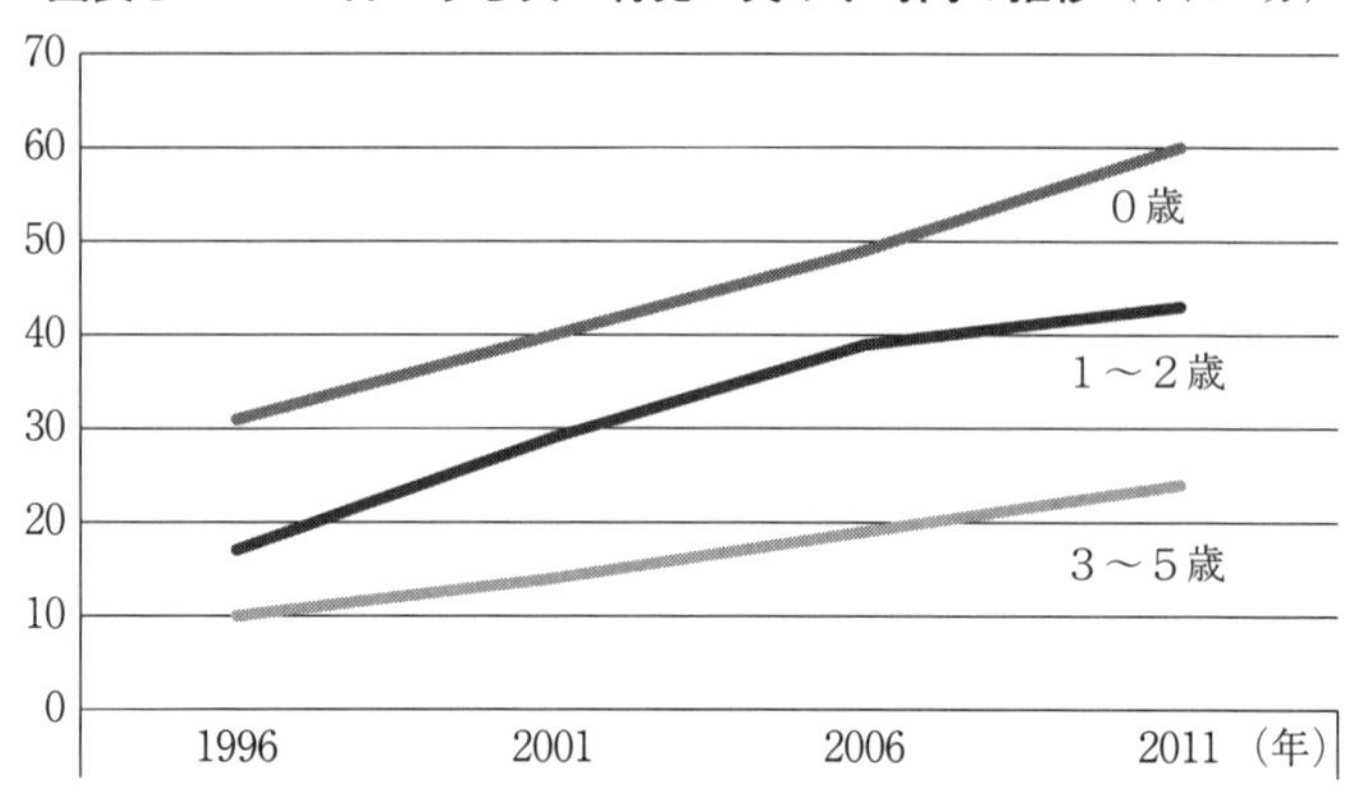

夫が育児に費やす時間（分／日）

	1996	2001	2006	2011（年）
末子0歳	31	40	49	60
1～2歳	17	29	39	43
3～5歳	10	14	19	24

（総務省統計局「平成23年 社会生活基本調査」より）

の写真を職場の机に飾るなど、日常一緒にいられなくても、子どもの存在によって自分の心の安定を実感するような意識です。

(2)のレジャーとしての育児は、子どもと遊ぶことが育児の中心に据えられています。父子共通の趣味として、テレビの戦隊ものや人気アニメのグッズを一緒に集めたり、スポーツに取り組んだり、子どもと積極的に遊ぶことで、自分らしい育児をしているという実感を得ています。

(3)は、男親だからこそできる教育やしつけがあるという自負が根底にあり、子どもの成長に積極的に関わろうという意欲につながっています。(4)は、育児の責任をパートナーと協力して担うべきだととらえており、親としてできることを進んで妻と分担するという意識です。

一九九〇年代以降、心理学や社会学の分野で父親の子どもとの関わり方に研究の焦点が向けられるなか、「子どもと遊ぶが世話はしない」という日本のお父さんの「レジャー的育児」が指摘されてきました。しかし、近年のお父さんの意識はレジャーとしての子育てだけではなく、子どもの成長に積極的に関わることで自分の存在意義を見出したり、子どもに癒されていると感じたりと多様化しています。共働き夫婦ではなくても、自分が育児に関わることで家族に貢献していると自負するお父さんも増えています。

二〇一三年七月に約一万人を対象に実施された国立社会保障・人口問題研究所「第5回 全国家庭動向調査」では、お父さんが週に一、二回以上遂行した育児について訊いています。調査に回答したうち、三歳未満の子どもを持つお父さんの八割超が、子どもをお風呂に入れ、約六割のお父さんが、泣いた子どもをあやしたり、食事をさせたり、おむつを換えるなどの子どもの世話に関わっていることが明らかになっています。

この調査は五年おきに実施されていますが、一九九三年の第一回調査の結果と比較すると、二〇一三年調査では、食事を食べさせる、おむつを換えるという「世話」については、それぞれ二割も遂行割合が上がっています。また、妻の年齢が三〇代、二〇代と若くなるにつれ、育児に関わる夫の割合はより高くなっています。若い世代ほど、乳幼児期の子どもとお父さんの関わりがより深くなっていることがわかります。

しかし、このような夫の育児への関わり方について、実は妻の満足度は高くないというショッキングな結果も二〇一三年の同調査で明らかになっています。末子0歳で夫の育児について「不満」と回答した妻が三四％、三〜五歳ではさらに三七％に増え、末子が小学校高学年になると五〇％と、妻の半数が「不満」と回答するなど手厳しいものです。なぜ夫婦間で、このような意識差が生じてしまうのでしょうか。

妻は夫の子育てをどう見ているのか

筆者は二〇〇九年と二〇一二年に、愛知県で未就学児を育児中の三〇代の夫婦一九組（共働き七組、妻が専業主婦一二組）に、子育てについて、質問紙とインタビューを組み合わせた調査を行いました。その時に、専業主婦か就労しているかを問わず、お母さんから共通して聞かれたのは、子育ての責任は夫婦双方にあり、子どもは夫婦二人で育てるのだという考えです。この考え自体は、現代のお父さんにも共通するものです。

しかし、実際にお父さんが子育てにどの程度関わるかということについては、お母さんの期待レベルが二つに分かれます。

A　育児を手伝ってほしい

「小さいうちは父親が世話できる部分は少ないと思う」（専業主婦・三六歳）

「メインで育児をする人は母親で、それを助けるような形で父親に関わってほしい」（専業主婦・三七歳）

「育児には手を出さずあくまでサブ、あまり頼りにならないので任せられない」（専業主婦・三〇歳）

B　主体的に育児をしてほしい

「夫は早く帰ってきた日にはお風呂に子どもを入れてくれるし、おむつもウンチの時じゃなければ換えられる。週末は子どもとよく遊んでくれているほうだと思う。でも、本当は『手伝い』じゃなくて、『育児』をやって、と思う」（大学教員・三四歳）

「分担はしていなくて、ちょっと手伝っているって感じ。私がやってることを、彼にも主体的にやってほしいけど、あくまでお手伝いなので、それは不満に思う」（メーカー総合職・三八歳）

Aのお母さんたちは、お父さんの育児への参加を、自分の負担軽減のために求める意識があり、夫が「手伝う」という意識にもあまり抵抗や疑問を感じないようです。一方、Bのお母さんたちは、「手伝う」のではなく、お父さん自身が育児を自分の仕事としてとらえ、妻の指示を仰ぐのではなく、主体的に動いてほしいという期待を持っています。

Aのお母さんたちに見られる、子育てのメインの担当者は母親で父親はサブであるという意識は、アメリカの家族研究者によって、「マターナル・ゲートキーピング」と名づけられています。

日本語に直訳すると、「マターナル」は「母の」、「ゲートキーピング」は「門番」です。つまり、お母さんが家庭では育児の門番の役割をしていて、お父さんの育児の方法や関わり方を支配し、制限を加えていることを意味します。

お母さんが、自分が育児のメインの担当者であると考える意識には、①一定レベルの育児水準を守ろうとする責任意識、②母であることの自覚と自信、③家事育児を女性の仕事と考えて受け入れる意識（性別役割分業意識）、という三つの相が見られます。お母さんは①の責任意識にもとづき、育児においてお父さんにできることは少ない、任せられないと判断し、②にもとづいて、お父さんは母である自分をサポートするサブ担当であると位置づけます。そして、③の分業意識から、賃労働という男性の領域を主戦場とする夫には、女性領域の育児について、あくまでも仕事に支障がない程度「手伝う」というスタンスの関わり方を期待します。お母さんの育児における「縄張り意識」とも言えます。

では、このお母さんたちの「縄張り意識」と、前節で見たお父さんの育児意識(1)〜(4)とを併せて考えてみましょう。お父さんの育児意識を子どもとの実際の生活における関わりの深さで測ると、(1)癒し、(2)レジャー、(3)しつけ・教育、(4)家庭責任の分担として、の順に深くなっていくと言えます。Aのように、縄張り意識を語るお母さんたちには、夫の育児が(1)、(2)のレベルにとどまり、子どもとの関わりが休日に限定されていても許容されます。一方で、縄張り意識を持たないBのお母さんには、たとえ(3)、(4)のレベルにまで夫が参入していても、「手伝い」はしていても「育児」はしていない、と判断されてしまいます。では、Bの意識を持つお母さんは、夫がどのように子どもと関わったら「育児」をしていると判断するのでしょうか。

まず、妻を介さずに子どものニーズをくみとり、適切な行動をとるということが必要です。子どもをお風呂に入れる、食事をさせる、おむつを換えるなどはたしかに世話ですが、妻に「やって」と言われて初めて行動するのでは「手伝い」の域を脱しません。子どもがぐずった時に、妻の指示を仰がず、なぜぐずっているのかを判断して対応する必要があるのです。

筆者の調査では、乳児を育児中で日常的におむつを換える、お風呂に入れる、という行為をしていても、妻がいない休日を赤ちゃんと二人きりで過ごすことができないというお父さんの回答が目立ちました。また、その妻も、夫と赤ちゃんを残して半日外出することは「不安でできない」と言います。赤ちゃんを長時間一人で見るというのは、おむつを交換したり、お風呂に入れたりという、一つひとつの行為とは性質が大きく異なります。子どもの生活リズムを考えながら、かつ、その時の気分やペースを見極めながら、食事を与えたり、お昼寝をさせたり、遊ばせたり、不機嫌をなだめたりと、いわば総合的なマネジメントです。育児の精神的に最も大変な側面とも言えますが、「イクメン」の自負を持つお父さんでも、マネジメントの側面にはたずさわらない、また、妻が日常それをこなしていることに気づいていない人も多いのではないでしょうか。妻の指示を待ちながら夫が育児を「手伝う」場合、どんなに手伝っても妻はマネジメントの役割から解放されることがありません。妻は常に子どものことを気にかけながら、夫に指示を出して末端の仕事をやってもらっている状態なのです。

夫婦で子育てする意識

ここでもう一度、冒頭の営業の方の話を振り返りましょう。彼は、「妻が専業主婦のわりには、家事や育児に協力的」だと自己評価していました。事実、この方はできるかぎり育児や家事を手伝っているのでしょう。それでも彼の子育てが「足りない」と言う妻は、まさにBの意識を持ち、夫には、時にマネジメント役割をもこなせるレベルの子育てを求めているのに、実際には「手伝い」にとどまっており、妻がマネジメント役割から解放されることがないからと考えられます。しかし、夫は妻の要求レベルをAと見誤っており、夫婦間の意識差が生じているのです。

なぜこの方は、妻の要求レベルをAと見誤ったのでしょうか。それは、専業主婦であれば、家事と育児は本来妻の領域だという意識が根底にあるからではないでしょうか。しかし、現時点で妻が専業主婦か、仕事を持っているかという条件だけでは、この意識は測れません。たしかに、家庭生活に重点を置く専業主婦が、個人差こそあれ、家事・育児にある程度の「縄張り意識」を抱くのは自然なことです。しかし、筆者の行ったインタビューでは、必ずしも専業主婦だからといってAの意識を持っているわけではなく、半数の女性はBの意識を語りました。その根底には、家事は専業主婦である自分の仕事として受け入れていても、育児はあくまで夫婦共同で責任を負うものだという考えがあります。とくに夫の転勤、妊娠、出産のさいに、本人の意に反して退職をした女性から、この考えが語られていました。家事は自分の領域と認めても、育児の責任は両親共同のもの、それならば、夫にも主体的に育児をしてほしいという主張です。専業主婦に至るまでの経緯との相関は断定できませんが、今、専業主婦であるということと、本人が「縄張り意識」を持つほどに専業主婦であることを受容することは、異なる次元のことだと考えてよいでしょう。意に反して専業主婦となった妻が早く社会復帰をしたいと考えている場合、育児負担の大きさが足かせとなっていると感じ、より深いレベルの育児参加を夫に求めるのは自然なことです。

その一方で、Aの意識を持っている専業主婦の方からは、夫は育児の面で「あてにならない」と縄張り意識が見え隠れしながらも、父親の関与が少ない今の育児に不安を感じるという声も聞かれました。昨今の「イクメン」ブームのなか、父親の育児参加が子どもの成長にプラスになると広く認識されていることが影響していると考えられます。母親の社会的地位や経済力にかかわらず、子どもにとっては、主に母親だけと接して育つよりも、乳幼児のころから複数の人と深く関わるほうがよいのだという認識を多くの母親が持っており、父親への役割期待を大きくしています。

父親育児の効果とは?

では、父親の育児参加にはどのような効果があるのでしょうか。これまでの研究では、子どもの幼少期における次の効果が指摘されてきました（石井クンツ昌子［二〇一三］より）。

◇子どもの社会性の向上
◇子どもの情緒的安定
◇母親の情緒的安定
◇良好な夫婦関係の構築

父親も母親と同じように深く接することで、子どもの行動範囲や遊びの幅が広がり、多様な対人関係やコミュニケーションについて学ぶことができ、情緒が安定するとともに社会性が向上すると言われています。さらに、父親の乳幼児との関わりは、体を使った遊び行為が多いという傾向があるため、遊びのなかで、子どもが自分をコントロールしながら他者からの攻撃的な行動に対処できるようになる傾向が見られるという指摘もあります。

また、家計経済研究所が二〇一一年に行った調査では、夫が積極的に育児に参加することで、妻の幸福感と夫婦関係満足度が高まるという結果が報告されています。そして日本の心理学者の児童期の子どもを対象とした研究では、夫婦相互の愛情関係が深いほど、母親の養育態度が温かくなり、子どもの抑うつ傾向が減少するという結果が得られています。つまり、父親が育児に積極的に関わることは、子どもに直接の影響を与えるとともに、夫婦関係を良好にし、その結果、子どもにとってよい家庭環境の構築につながると言われているのです。

このことから、妻の育児ストレスは、夫の子育てを妻がどのように評価するのかということと深く関与することがわかります。冒頭で紹介したご夫婦の場合、夫は自分なりに最善の方法で家族に尽くしているという自覚をお持ちですが、妻の期待と合致していないために、せっかくの努力が妻に評価されていません。お父さんの子育て関与によって期待される効果の一つである、夫婦関係の改善が図れず、お互いにストレスを抱える状態に陥っています。

この状況を打開するには、まず、お互いの役割期待についてよく理解し合うことが大切ですが、その役割期待は必ずしも実行可能なものとは限りません。では、夫が妻の期待をよく理解して、そのとおり行動すればよいのでしょうか。それとも、夫がこれ以上の努力はできないと、妻を説き伏せればよいのでしょうか。おそらくそうではないでしょう。いずれにしても、どちらか一方に負担が偏ってしまう関係を長期にわたって継続するのは困難です。夫婦がお互いの状況をよく理解して歩み寄る必要があります。

立場を入れ替えて見えるもの

お互いの立場や状況の理解に成功している例として、あるご夫婦の経験を紹介します。小学校六年生と二年生、二人の女の子のお父さんであるMさん（四一歳）は、長女が一歳になった後に二か月間の育児休業をし、その四年後、次女が一歳になる直前に一か月間、再び育児休業をしました。

お父さんの育児休業というと、特別に恵まれた例だと思われるかもしれません。Mさんは地方公務員で、比較的制度を利用しやすい環境にありますが、それでも育児休業取得にあたって壁がなかったわけではありません。Mさんの五年前に同じ職場で育児休業制度を利用しようとした男性は、前例がないからと上司に説得されて諦めたそうですし、Mさんが制度利用を申し出た時、周囲の人も「よくやるね」と驚きを隠さなかったそうです。所属部署で男性初の制度利用者となったMさんは、半年以上前から優先順位に応じて仕事を前倒ししたり、期限設定に工夫をするなどの準備をして、二か月の休業に臨みました。ここまでの強い意志を持って育児休業を取得したMさんですが、子どもと二人だけで過ごす日常は、休業前に思い描いていたものとは違っていたと言います。

「育休を経験するまでは、子どもが寝たらお茶でも飲みながら本を読んで……なんて生活を実は想像していて。でも、実際には、子どもは都合よく寝たりしないし、しょっちゅうぐずる。ぐずる子どもを散歩に連れ出して気をそらしたり、抱っこしてあやしたり、やっと寝かしつけたら、今度は自分も疲れ果てて一緒に寝てしまう。目覚めた時、せっかく子どもが寝たのに何もできなかった！　と後悔するけど、でも、その間一緒に寝ておかないと今度は自分の体力がもたない。育児って全然甘くない、と。世のお父さんで、育児に専念している奥さんが三食昼寝つきで子どもと遊んで楽をしているという思い込みを持っている人は多い。でも実態は全然違うことを、まず知らないといけない」

一日中赤ちゃんと二人きりで家にいると、他の大人と接することがほとんどないなか、乳児の

COLUMN

育児休業——夫婦で働き、共に育児をするための制度

二〇〇四年、厚生労働省の「子ども・子育て応援プラン」は、当時〇・五五%だった男性の育休取得率を一〇年後に一〇%にすることを目標にしました。一〇年後の二〇一四年、男性の育児休業は二・三%と四倍に上昇しましたが、目標には遠く及びません。また、取得期間を見ると、二〇一二年では「一~五日」が四割と最多で、次に「五日~二週間」が二割と、二週間未満が六割を占めています。日本の男性の育児休業の多くは、出産直後のごく短期間の取得にとどまっているのです。

父親の九〇%近くが育児休業をするスウェーデンは、日本で指摘される諸問題を乗り越えて、男性の育児参加を現実のものにしています。両親合わせて最長四八〇日間休業することができる育児休業制度は、父親のみが取得可能な期間(三か月間)を定めているうえに、休業中に男性が孤立しないように、父親のネットワークづくりも支援しています。さらに、育児を長期的にとらえており、誕生から八歳まで、時期を選択して育児休業や短時間就業の権利を行使することができます。

日本でも、近年は休業中の所得補償割合が増え、両親が共に育児休業をする場合には、休業期間を延長する制度「パパ・ママ育休プラス」が設けられるなど、かなり改善されてきています。しかし、育児休業の権利を行使できるのは、子どもが三歳になるまでの時期に限られており、休業終了までに子どもの預け先を見つけられず、仕事復帰を諦めてしまう女性も多くいます。また、女性の就業継続のもう一つの大きな障害として「小1の壁」が指摘されていますが、現在では、この問題に対応する支援策はありません。スウェーデンのように、子育てをより長期的にとらえて、育児休業を柔軟に利用できるようにすると、家族の多様な問題に夫婦が協力して対応できるようになります。

父親、母親双方の子育てする権利、働く権利を長期的に守っていくという視点が、政策や制度設計に求められています。

要求に振り回され、親は行きたい時にトイレにも行けなければ、ご飯を味わって食べることもできません。食事や排せつなど生理的欲求を自由なタイミングで満たすことも阻まれ、しかもそれが長期間ずっと続く、そして周囲には「ゆっくりと子どもと家にいて楽をしている」と見られる――これが乳幼児の子育ての日常です。仕事に出かける側には、家に残る側の苦労や精神的な負担は想像しにくいもので、経験してみないとその大変さを実感できないということも、夫婦間の相互理解を難しくしている一因です。

Mさんは、仕事に行かず、子どもと二人きりで過ごす生活を実際に体験してみて、当初の想像がまったく的外れであったと悟ります。そして、「育休が二か月に入ったころからノイローゼになりかけた」ほどつらいものだったと振り返ります。

「育休の一か月目は新鮮さで乗り切れたけど、二か月目に入ったら、仕事の面で自分だけ周囲から取り残されていく不安も日増しに大きくなって、家にいても自分の時間がまったく取れないことでストレスもたまるし、すごく追いつめられて。ある日、仕事から帰ってきて新聞を広げてくつろぐ妻に対して、『もっと（育児と家事を）手伝って！』と爆発したんです」

ここまで精神的に追いつめられたのは、男性ならではの環境的な要因もあるのだと、Mさんは当時の心境を語ります。「毎日の夕食の買い物がとてもつらかった。日中、スーパーに買い物に行くと周囲の視線を浴びてしまう。男性の育休にはまだまだ周囲の目が冷たくて。女性の場合は、お互いに知らない人同士でも赤ちゃんを連れていると『何か月ですか』なんて声をかけあったりしているけど、父親が平日の昼間に赤ちゃん連れで買い物をしていても、誰も声をかけません。でも決して関心がないわけではなくて、ずっと遠巻きに見ていて。もしかして、『あの旦那さん失業したのかしら』と噂されているのかも、とか想像してしまって、そういうことが一度気になりだすと、ますます周囲の視線が気になっていく。そこに、職場のなかでは自分だけが仕事から長期間離れているんだという焦りも重なって、ノイローゼのような状態でした」。

一方、妻はMさんのストレスが爆発するまで、「夫の育休中は、今までの役割を完全に交替していいものと思ってた。私も仕事から帰ったら夕食ができるまでは新聞を読んでいていいのかな」と考えていたそうです。（妻の）育休中、いつも仕事から帰ってきた彼がそうしていたように。

しかし、Mさんのストレスが極限に達してはじめて、完全に交替すると自分の想像以上に夫にのしかかる負荷が大きいということに気づいたと言います。

二方向からの「孤立」

現在も共働きを続けるMさん夫婦の理想は、「どちらか一方が家のことばかりとか、仕事ばかりとか、そういうことではなくて、家のことも仕事のこともトータルで考えて大変さが二人で同じくらいになること」と口を揃えます。Mさんの育児休業の経験によって、完全に役割を交替するのはMさんへの負担が重すぎることを妻が理解する一方で、それまで乳幼児の育児を一人で担ってきた妻の苦労をMさん自身が身をもって理解し、相互に配慮しあって得た結論です。

初めての育児休業から一〇年を経た今、Mさんは「父親としての役割」を次のように語ります。「『親』としての役割を、『妻』と共同でこなしていくというイメージです。得意・不得意の問題で自分の役割になっているものもありますが、あまり『父』としての固有の役割を意識していません」。

このご夫婦は、子育ての最初の時期から、男親・女親というジェンダーの枠組みを取り払って、子どもと関わってきました。現在もMさんと二人の娘さんとの関わりはとても深く、Mさんがバレエのレッスンに出かける娘さんの髪を結うこともありますし、授業参観・保護者会へも積極的に出席しており、夫婦双方が子育てのメイン役割を担っている状態です。お父さんの育児休業の経験が、一〇年を経た今でも夫婦の相互理解を支え、子どもたちのなかでのお父さんの存在を大きくし、家族の良好な関係の礎（いしずえ）になっていると言います。まさに、父親の子育てへの深い関与が家族全体の情緒の安定と幸福感をもたらしている好例と言えます。

Mさんの育児休業中の「孤育て」とも言えるつらい経験から、性別を問わず、育児期のつらさの大きな要因は「孤立」にあるということがわかります。この「孤立」には、二つの意味があります。一つは、家庭内での「孤立」です。育児休業前、Mさんは休業に入ったら自分もお茶を飲みながら本を読む生活ができると想像していましたが、妻と立場を入れ替えることで、相手が日常的に抱える精神的負担を初めて知りました。もし、この経験がなかったら、Mさんは子育てをもっと楽なものだと想像し配慮に欠けた言動をして、妻の子育てをより孤独なものにしてしまったかもしれません。Mさんの妻は、夫がこの時期の子育ての肉体的・精神的なつらさを身をもって経験し、妻の負担や不安について深い理解を示してくれたことが、父親育休を経験した最大の収穫だったと繰り返し語ります。

もう一つは、社会生活からの「孤立」です。Mさんが子育てのメイン役割を一度担ってみたことで、男性は、子育てにおいては女性以上に孤立に追い込まれやすいこと、また、たとえ子育て期という一時的な期間であっても、社会とのつながりを失うことがどれほど人を精神的に追いつめるのかを、夫婦がともに知ることができました。この理解が、お互いの仕事面を尊重して協力体制を整える現在の努力につながっています。

Mさん夫婦の場合は、立場を入れ替えてみるという経験が、家庭でも社会生活においても、お互いを孤軍奮闘の状態に陥らせない育児環境づくりのために大きな役割を果たしたのです。

父親の育児を阻む社会的ハードル

立場を入れ替えることとは、夫婦の相互理解を促進して子育てにおける「孤立」を回避し、子育て期の夫婦の意識ギャップを埋める最も有効な方法と言えます。しかし、二〇一四年度の男性育児休業取得率が二・三%という現状から考えると、この実践には、まだ高いハードルが存在します。

二〇一三年八月五日の『日本経済新聞』は、「背景にパタハラ」という言葉を使って二〇一二年度の男性の育児休業取得率が、前年度より減少したというニュースを伝えています。「パタハラ」とは、「パタニティ・ハラスメント」の略語で、男性社員の育児休業や、育児のための短時間勤務やフレックス勤務の制度利用を、上司や周囲の男性社員が妨げる行為のことで、その背景には子育て世代である三〇～四〇代と、上司である五〇代以上の中高年世代との子育て観のギャップがあると説明されています。

熊沢誠さんは、日本企業における「能力」には、長時間残業でき、いつでも転勤でき、全生活を仕事に捧げられるという「生活態度としての能力」が含まれることを指摘しました（『能力主義と企業社会』）。日本で雇用労働者が基幹的な労働力としてみなされるには、職務内容、勤務地、労働時間の無限定性を受け入れることが前提とされています。現在の上司世代が社会人生活を始めた一九八〇年代は、この無限定性の受容を制度化した人事管理制度が日本企業に広く普及した時期であり、彼らが若手社員として活躍していたバブル期には、栄養ドリンクのテレビＣＭが「24時間戦えますか」と問いかけていました。子育てや家庭を犠牲にしてでも仕事を優先する生き方を当然ととらえてきた世代と言えます。

そして三〇代、四〇代も、このような上司世代の指導を受け、背中を見ながら労働者として育った世代です。多くの人が、家庭の事情を仕事に影響させてはいけないという規範を内面化しており、育児休業を取ることを労働の戦線から降りることと認識していることが、まず一つのハードルになっています。また、このハードルが、同時に既婚女性労働者を周縁的な労働者へと追いやる、または労働市場から退出させている主要因であり、母親を「孤育て」に追い込んでいるのです。

一方で、このような規範は、平日に勤労世代の男性が普段着で地域コミュニティにいると不審な目で見られたり、自分が不審な目で見られていると男性が感じるという現状を生み出しています。Mさんが育児休業中に経験したように、このような事態は、地域で子育てをする主夫や育児休業中の男性の育児をより孤独なものにし、精神的に追いつめていきます。男性が子育てに主体的に関わりたいという心意気で育児休業をしても、地域コミュニティの受け入れ環境が未整備であるということが、もう一つのハードルです。前節で紹介した育児休業中のMさんを追いつめた、「職場から取り残されていく自分に対する焦り」と「平日の昼間に自分に向けられる視線の自覚」は、まさにこの二つのハードルによって生じているのです。

子育てにおける夫の努力がなぜ妻には認められにくいのか、その夫婦の意識の間には何が存在するのかということについて、妻の家庭に対する「縄張り意識」や夫に対する役割期待に焦点を当てて考えてきました。夫婦の意識差を埋めるために、お互いの立場や役割期待についてよく話し合いをすることは、大切な歩み寄りです。しかし、夫婦の立場を入れ替えて相互に理解を得た例を検討してみると、お父さんの主体的な子育て参加には、本人のやる気や夫婦の相互理解だけでは乗り越えられないハードルがあることが見えました。

日本では、一九九〇年代初頭に少子化問題が顕在化して以来、女性活躍推進、男性の育児休業促進が政策目標として掲げられてきました。しかし、職場の価値観が硬直的で、労働者の家庭責任に目を向けないままであれば、状況は変わりません。このハードルを越えるためには、労働者が労働の戦線から脱却しなくても家庭責任を果たせる仕組みづくりが必要ですし、地域においてもジェンダーの枠組みにとらわれずにコミュニティに参加できる場を広げていく必要があります。制度としては、時間単位の有給休暇や、授業参観や学校行事、地域の仕事に充てられる休暇などの普及が望まれます。このような制度が一般に普及したら、子どもが急に病気になった時にも夫婦交替でフォローができるようになり、夫婦のどちらか一方だけ（多くの場合は妻です）が繰り返し休みを取り、職場での立場を失い退職に追い込まれるといった事態を回避できます。同時に、職場でも子どもを話題にしたコミュニケーションができる空気を醸成したり、学校や保育所などを通じて、地域で男性が子育てをとおしてつながる機会をつくることも有効です。

夫婦がともに働き、育児をする社会の仕組みづくりとともに、個人においても役割負担を見直し、男女どちらか一方にばかり負担が偏らない労働のバランスを考え直していくことで、二つの社会的ハードルを取り除いていかなくてはなりません。

［参考文献］

Allen, S. M., & Hawkins, A. J.（1999）'Maternal gatekeeping：Mother's beliefs and behavior that inhibit greater father involvement in family work.' "*Journal of Marriage and Family, 61*", 199－212

石井クンツ昌子『「育メン」現象の社会学――育児・子育て参加への希望を叶えるために』ミネルヴァ書房、二〇一三年

斧出節子「なぜ父親は育児をするのか」、大和礼子・斧出節子・木脇奈智子編『男の育児・女の育児――家族社会学からのアプローチ』昭和堂、二〇〇八年

熊沢誠『能力主義と企業社会』岩波新書、一九九七年

COLUMN

お父さんを育てる——アメリカ「ヘッドスタート」の取り組み

アメリカ政府による就学前教育プログラム「ヘッドスタート」は、貧困層の五歳以下の子どもを対象に、就学準備を行う保育園に相当するものです。一九六五年にスタートした当初は、父親の役割はあまり重視されていませんでしたが、一九九四年に母親の妊娠中から二歳児までを対象とする「早期ヘッドスタート」が開始され、乳児期からの父親の子育て参加促進がプログラムに取り入れられるようになりました。

父親（または家族のなかの男性）が子どもと登園し、一緒に過ごす日「ヒーロー・デー」を設けて、教室で子どもたちに絵本の読み聞かせをしたり、園のガーデニングを手伝うなどの日常生活への参加があるほか、子どもとの接し方のトレーニングが行われる園もあります。とくに、子どもが誤ったことをした時の父親の対応は重視されており、罰を与えたり厳しく叱るのではなく、穏やかで一貫した態度で諭す方法が指導されています。こうした取り組みを継続することによって、父親は子どもとの過ごし方、接し方を学んで、子どもの日常に溶け込んでいくといいます。

このような、子どもの園生活に「お父さんを巻き込む」実践の根底には、園での日常生活に親が参加することで、親は子育てを学び、子どもは自分の性別のロールモデルを学んでいくという考えがあります。こうした取り組みは、子育てにおける父親特有の役割を強調して伝えてしまったり、父親が子どもに関わる範囲を限定して示してしまう危うさも孕み、その点には注意が必要です。しかし、子育て経験の浅い父親や、ふだん子どもと接することが少ない父親には、このような日常的な実践への参加が、良好な親子関係を築いていくための大きなサポートになりえます。

日本の保育所や幼稚園の父親対象の取り組みは、発表会や参観日のような成果を披露する場に偏りがちですが、子どもが日常を過ごす時間や空間に「お父さんを巻き込む」アプローチも、父親の子育て参加促進に一役買うことができそうです。

第6章

男女ともにフツーに生きられる社会
――ジェンダーという視点から考える

蓑輪　明子

今、日本の男性、女性はともに、大きな生き方の変化に直面しています。女性でも年齢や家族の状況を問わず働くことが推奨され、他方、「イクメン」（育児をする男性の略）という言葉が流行しているように、男性も家庭役割を果たすことが当たり前だと語られています。

しかし「働く世界」に目を転じてみると、「ブラック」企業やフリーター、ワーキングプア、パワハラが大量に存在する社会でもあります。このこと一つを想起するだけでも、男性が職場でも家庭でも役割を果たすことは容易ではないことが想像できるかと思います。

男女が等しく、いろいろな領域で役割を果たしていくことを「ジェンダー平等」といいます。日本では、戦後一貫してジェンダー平等を実現するのは難しいといわれてきました。とくに男性は仕事に役割を特化して生きているので、家庭役割は果たしていない、果たせない、さらに人との付き合い方や生活の仕方、身につけている能力や感性も女性とはまったく違っていると指摘されています。こうした現象を生み出したものは何で、現在の男性のあり方にどんな影響を与えているのでしょうか。また、男性が家庭を含むあらゆる領域で活躍するのを阻んでいる構造とは、いったい何なのでしょうか。

この問題を考えるには、男性と女性の働き方や家庭役割の担い方が戦後日本でどのような形をとり、現代日本でどのように変わってきたのかを知っておく必要があります。この章では、歴史を知るなかで、それぞれの時代の問題点はどこにあったのかを、働き方と家族のあり方に焦点をあてつつ探り、この問いへの答えを考えていこうと思います。

性はつくられる——ジェンダーという視点

戦後日本社会では、人びとの働き方や家庭役割の担い方は、現在とは異なって、性によって異なるのが当然だとされてきました。「男が働き、女は家庭で役割を果たす」という考え方が戦後の日本社会では標準であり、性別によって異なる役割、規範が押しつけられたのです。

たとえば、結婚を例に考えてみましょう。日本では長く、結婚して家庭を持ち、子どもを持つことが一人前の大人の最低条件であるかのように考えられ、結婚しなければ幸福な人生はありえないと思われてきました。結婚できた人はとにもかくにも、大人として第一段階をクリアしているとみなされるのです。しかし中年を過ぎて結婚していない男性は、「いい年をして結婚もしないで、いつまでもふらふらしているなよ」と言われますし、女性の場合は「行き遅れた」などとも言われます。わが子が結婚しないことに焦った親が親同士で子どもの結婚相手を探す、お見合いパーティ（子どもは結婚する気がないか、仕事が忙しいので出席していない）が開催されているのは、その極致とも言えるでしょう。結婚しなくても幸福な生活を送る人はいくらでもいるのに、人びとは結婚せねばという強迫観念を抱いてきたのです。

しかも結婚するときは、男と女では違う役割が期待されています。男は一家の主人（あるじ）となり、稼ぎ手としてもっぱら働く。女は一家の主婦として夫を支え、母として子どもを慈しみ育てることが求められてきたのです。この考え方は未だに強固に残っており、男性が家事や子育て、介護など、家庭のことをしたとしても、それは手伝いであり、仕事に支障がない範囲でのことにしかすぎず、女性は働いたとしても、あくまでも妻として、母としての役割を果たしながらのことにすぎないとされているのです。こうした性別により異なる役割を果たす家族を性別役割分業家族といいます。

男と女で異なる役割、規範が求められるのは、結婚や家族をめぐる領域だけではありません。男らしさ、女らしさという言葉がありますが、生活のあらゆるところで、性別によってこと細かに異なった気質や行動が要求されます。男の子は泣いてはいけない、ケンカに強くなければならない、活発で、リーダー的でなければならない。女は優しく、おとなしくなければならない、人をサポートしなくてはならず出しゃばってはいけない、手先が器用でなければならない。そうでなければ、男らしくない、女らしくないとされてしまいます。

男らしさ、女らしさという観念は深刻な被害も生み出してきました。その事例の一つが性暴力です。一般に、性的な関係において、男性は主導的な役割を果たし、女性は男性のアプローチに慎ましやかに応える受動的な存在だとされています。こうしたステレオタイプは、女性の同意なしに男性の意のままに性関係を持つレイプやセクシュアル・ハラスメントなどの性暴力を生み出す背景となってきました（男性は性暴力の加害者であるだけでなく、被害者となるときもあります。しかし、先に示したジェンダー観から男性は性暴力の被害者であるわけがないと考えられて、男性の性暴力が放置されてきた問題もあります。この点については第1章を読んでください）。

しかし、現実の個人の多様性から考えると、男女別に特定の役割や規範を求めるのは不自然です。性別役割分業家族とはいうけれど、子育てをしたい男性だっているし、家事が苦手な女性だってたくさんいます。国によっても事情が異なり、男性が家事・育児に積極的で家事・育児時間が長い国もあれば、そうでない国もあります。たとえば、日本の男性が平均的に費やす家事関連時間は一時間程度ですが、スウェーデン、イギリス、フランスでは二時間を超えています。また、おとなしくてケンカが弱い男性だっているし、活発な女性だっている。ジェンダー的な役割や規範が「当たり前」「本性」なら、個人や国による違いは生じないはずです。

こうした矛盾に疑問を持った人びとは、性別に関わる役割や規範が、ある特定の時代に社会的につくり出されたものであることを明らかにしました。そして、社会的につくり出されている性をジェンダーと名づけました。ジェンダーという発見のポイントは、多くの人が当たり前だととらえている性差をめぐる役割や規範の多くは、ある時代、ある社会で人びとが形成したものにすぎず、それだけに人びとの考え方や社会のしくみ次第では、現在とは異なる役割、規範、ライフコースのあり方をつくることは可能だと考えた点です。

たとえば、先ほど見た性別役割分業家族という現象は、ジェンダーが家族においても存在していることを示しています。しかし、こうした現象はある時代にできたにすぎません。人びとの考え方、社会のしくみ次第では、男性が育児をする家族、男女が協力して子育てする家族は可能ですし、結婚が出産や子育ての前提にならない社会すら可能です。実際、いくつかの国では、男性も育児や家事をするものと多くの人たちが考えるようになり、子育てに関する休暇制度をつくって、女性だけでなく男性も育児休暇をとったり、男女ともに労働時間を短縮した結果、男性が育児や家事を担うようになりました。現代では性別役割分業や「男らしさ」「女らしさ」にとらわれない人たちも増えており、世界的に見れば現代はジェンダーの抜本的な見直しが始まっている時代と言えるでしょう。

家庭生活を奪われる企業戦士

現在、家族のなかのジェンダーである性別役割分業家族のあり方は是正すべき対象となっています。女性が家事・育児に専念すると、女性の多様な能力を活用できなくなるため、性別役割分業は社会の活力を奪います。また、性別役割分業は女性にとってだけでなく、男性にとってもマイナスです。というのも、一家の「主人」である男性は仕事に専念するため、男性から家事や子育て、介護などの家族役割を奪うものでもあるからです。それだけに、近年では、性別役割分業家族の見直しが必要だとされているのです。しかし、日本は長い間、性別役割分業を克服することができませんでした。その背景にあるのが、企業の働かせ方の問題です。

日本の企業は、戦後長い間、家族で性別役割分業がなされることを前提に、労働者を働かせてきました。企業が男性たちに長時間残業や急な転勤を強いても、家庭のことを妻がみてくれるから、男性たちは家族のことを妻にまかせ、仕事をこなすことができるというわけです。企業は妻の存在を前提に、男性たちを思うままに働かせることができました。こうした働かせ方は戦後に日本企業のなかで広がります。一九八〇年代には日本の労働時間の長さが異常だと世界的にも問題とされましたが、この時期の年間労働時間は二〇〇〇時間を超えています（同じ時期のドイツやスウェーデンの年間労働時間は一五〇〇時間台でした）。労働時間が原因で脳・心臓疾患を罹患して亡くなってしまう過労死が社会問題化し、Karoshiとローマ字表記され、世界で知られるようになったのも、この時期です。このような生活では、働く男性たちは家事や育児はとてもできません。家事や育児など、ニーズに応じて他者の世話をすることをケアといいますが、男性はケアを担わない人間＝ケアレスマンとして、会社から扱われてきたのです。

他方、家族のケアを担う（担う予定の）女性たちは、学校を卒業した後にしばらく働き、結婚後は退職して専業主婦となり、子どもの手が離れた頃に、家事や育児を担いながら、再び家計を助けるために働くというライフコースを多くの場合たどりました。一九八〇年代には、専業主婦のアルコール依存症や子どもの自立後の精神疾患が大きな社会問題となります。夫が仕事に専念し、家庭でひとり家事や子育てを担う妻たちのなかに、孤独に耐えられない人がいたからでした。

また、ケアを担う女性は働きに出ても、労働者としては「二流」であるとされてきました。家事や育児を担う（担う予定の）女性は、男性のようにケアレスマンとして働くことができないからです。女性たちは時に結婚退職制度や妊娠・出産退職制度などにより退職を制度的に強制され、結婚後はケアを担いつつ、生活費は子どもと同じく夫の収入に頼ることになります。また、結婚後に再び働きはじめたとしても、男性とは異なって、女性はパートタイマーとして低い賃金で働かされます。女性は男性とは異なって、妊娠・出産、子育ての時期に仕事しない人が多いことから、子育て年齢の女性の労働力率が極端に低くなるM字型雇用と呼ばれる、特徴的な働き方をしてきました（図表6－1を参照）。

高度成長期の日本企業は急成長を遂げ、世界的に見ても高い競争力を有していましたが、それが可能だったのは、企業社会におけるケアレスマン・モデルの男性労働者の働きぶり、企業社会の裏側＝家庭での女性のケアへの献身、それとセットになった企業社会における女性の低賃金労働があったからなのです。

しかし、こうした構造は、女性はもちろん、男性にとっても社会にとっても魅力がないのではないかという異議申し立てがなされ、近年、家族における性別役割分業を前提にした社会を見直し、社会のあらゆる領域で男女がともに役割を担う「男女共同参画社会」への模索が行われているのです。

新自由主義と日本型雇用の解体

性別役割分業家族を変え、働き方を変える試みは、現在でも「女性活躍」「一億総活躍」といった形で推進されようとしています。ただし、この試みがうまくいっているかといえば、そうではありません。一九九〇年代後半から生じた働き方の変化が、男女を問わず人びとから家族生活や自由時間を奪い、古いジェンダー関係とは異なる新しい男女関係を生み出す余裕を奪っているからです。このことを理解するためには、新自由主義改革とそれが「改革」の対象とした日本型雇用について知る必要があります。

日本において、ジェンダー関係を変える試みが進められた一九九〇年代後半は、同時に、労働者の働き方の悪化をもたらす新自由主義改革の時代でもありました。新自由主義とは「個々の企業活動の自由とその能力とが無制限に発揮されることによって人類の富と福利が最も増大すると主張する政治的経済的実践」（デヴィッド・ハーヴェイ）のことであり、世界的には一九七〇年代以降から始まる、一部の政治家や官僚等が持つ政治思想、政策潮流のことです。企業活動の自由とその能力発揮を追求して、企業が労働者の雇い方を変えたり、国が規制緩和、社会保障抑制、企業の税負担の軽減を行ったため、世界中に格差や貧困、労働問題を生み出しました。

先述したように、新自由主義的政策が追求される以前の、戦後の日本社会では性別役割分業家族を前提としたケアレスマン・モデルの働き方が「標準」となってきましたが、その働きの見返りに、企業は「日本型雇用」と特徴づけられる雇用管理を行ってきました。「日本型雇用」とは、学卒と同時に会社に入社し（新規学卒一括採用）、定年までの雇用が見通され（終身雇用）、勤続年数に応じて賃金が上昇する（年功賃金）など、企業に入社し、滞りなく勤めあげれば安定した生活のできる処遇体系です。この「日本型雇用」の高い処遇を男性正社員が保障されることで、労働者たちは家族を養うに足る生活の基盤を確保し、性別役割分業家族を営むことができたのです。現実には、こうした安定した雇用が完全に実現されたのは大企業労働者だけでしたが、中小企業も従業員の処遇を「日本型雇用」に近づけるよう努力してきましたし、日本の労働者の多くも「日本型雇用」こそが労働者の標準的な働き方だと考えて、労働組合の活動などを通じてその保障を求めてきました（ここで忘れてならないのは、そのように処遇されたのは男性労働者にすぎず、「日本型雇用」の裏側で、ケアが女性に押しつけられていたり、女性労働者の差別が存在していたという点です）。

しかし、新自由主義の時代、企業は「日本型雇用」の見直しに着手し、男女含めて、正規雇用を抑制し、年功賃金や終身雇用が保障されない非正規雇用を激増させてきました。ほとんどは二〇〇万ないし三〇〇万円以下の年収で働く低賃金労働者である非正規雇用は、今や雇用労働者の四割近くになっています。とくに若い世代に非正規化は集中し、一九九五年には若年（一五～二四歳）男性で九〇%、女性の八四%が正規雇用でしたが、二〇一五年には正規雇用がそれぞれ五三%、四六%へと激減しています（労働力調査）。非正規で低賃金であるといっても、仕事内容は基幹的な業務です。業種によっては非正規雇用が半数以上を占め（非正規雇用比率は流通業で七割超、卸売り小売業で五割超）、パートやアルバイトが主力戦力である業界も少なくありません。

さらに、正規労働者も賃金が抑制され、年齢による昇給が抑制されたほか、正規なのに非正規と同等の処遇で、長期間働き続けることができない「周辺的正規労働者」といわれる正規雇用労働者も増えてきました。働き盛りの男性（三〇～五九歳）でさえ、年収が非正規並みの三〇〇万円未満という処遇の人が同年齢正規雇用の一割を超えています（就業構造基本調査、二〇一二年）。総じて、非正規雇用労働者のみならず、正規労働者の一部も雇用の不安定化、貧困に直面しており、日本型雇用の脆弱化、解体をもたらしました。

国の政策も、こうした企業の雇用管理政策の変化を後押ししてきました。たとえば、一九九八年、二〇〇三年、二〇一三年には、労働者派遣法の改正による規制緩和が行われ、派遣労働者を用いることのできる業種が拡大されました。その結果、派遣労働者が急増し、二〇〇八年のリーマンショック後の大不況のさいには派遣切りが全国で頻発しました。

新自由主義のもとでの働き方の変化とジェンダー

日本型雇用の見直しと同じ時期、女性の就業は進み、一九九五年から二〇一五年にかけて、女性就業者は二六一四万人から二七五四万人になりました（労働力調査）。しかも、この女性の就業者増加は、子育て世代の母親を巻き込んだ形で進んでいます。図表6－1は、女性の年齢別の労働力率を示したものですが、もともと家事・育児の負担のために就業者が少なかった子育て世代の女性の労働力率が、近年、上昇傾向にあることがわかります。

とくに最近の変化として注目されるのは、職場の無理解や保育所不足などで就業が難しかった低年齢児を持つ世帯の母親の就業が急速に増大していることです。たとえば、三歳未満児がいて夫婦共働きである世帯は、一九九七年には三歳未満児がいる核家族世帯の二五％にすぎませんで

図表6-1　女性の年齢階級別労働力率推移

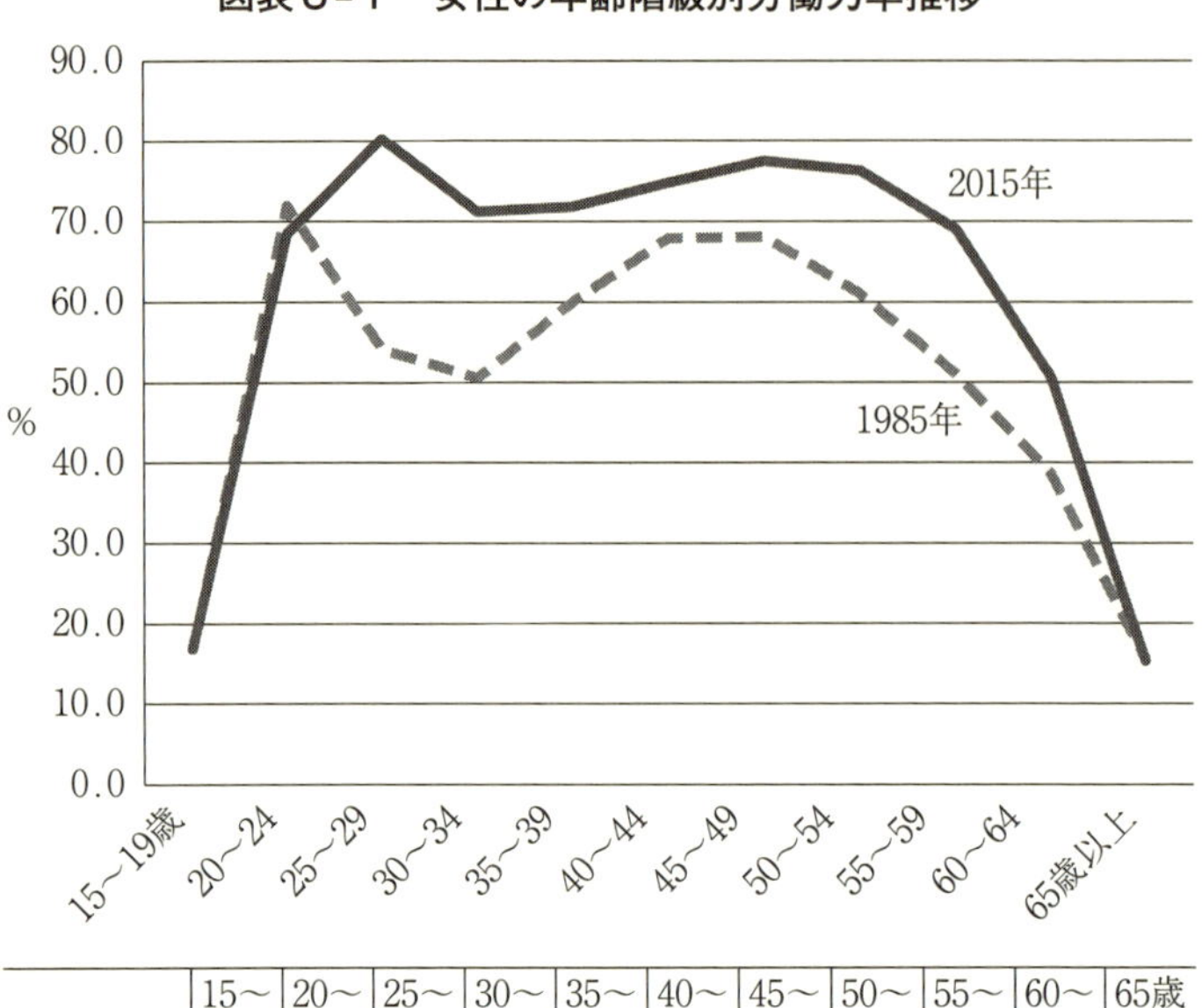

	15～19歳	20～24	25～29	30～34	35～39	40～44	45～49	50～54	55～59	60～64	65歳以上
1985年	16.6	71.9	54.1	50.6	60.0	67.9	68.1	61.0	51.0	38.5	15.5
2015年	16.8	68.5	80.3	71.2	71.8	74.8	77.5	76.3	69.0	50.6	15.3

(「労働力調査」より作成。労働力率とは、人口に対する就業者、失業者の割合のこと)

したが、二〇一二年には四二%に増えています(就業構造基本調査)。現在、都市部での深刻な保育所不足が問題となっていますが、その背景に、相当に急速度な女性就労の進展があったのです。

　こうした女性就業者の増加は、新自由主義による働き方の変化と大いに関わる形で進みました。まず第一に、女性就業でも、非正規雇用の増大が進みます。女性の非正規雇用比率はもともと高く、一九九五年にも三九%でしたが、二〇一五年には五七％になり（男性は二〇一五年でも二一％）、今や全労働者の四人に一人が女性非正規労働者となっています。日本型雇用の時代には、新規学卒後だけは女性も正規雇用で働くことが一般的でしたが、現在では、学卒後も非正規で、その後も非正規で働き続ける女性労働者が一般化しつつあります。

第二に、男性労働者の貧困化、あるいは所得の抑制と並行して、既婚女性就業の増大が進んでいます。先ほど述べたように、近年、低年齢児を持つ親の共働きが増えていますが、この共働きの世帯の夫の所得を見てみると、父親が低所得である世帯が急増しています（就業構造基本調査。詳細は蓑輪明子〔二〇一三〕参照のこと）。女性の就業化が急激に進んでいるのは、これまで一家の稼ぎ手であった夫が低所得化し、妻が稼がなければ生計を維持できなくなっていることが背景にあるからです。

男性稼ぎ手の低所得化は低年齢児のいる世帯だけでなく、中高生、大学生の子どもを持つ世帯でも同様に進行しています。その結果、家族就業を求める圧力は、妻だけでなく、高校生や大学生の子どもたちにも及び、学生でもバイトしなければ家計が維持できない世帯が増えています。近年、学生であるにもかかわらず、長時間労働やノルマなどを強制され、企業の言うままに働かされるブラックバイト問題が深刻化していますが、ブラックバイト問題は学生に過度な働き方をさせる企業の問題であると同時に、世帯の低所得化により、家族が多就業化することでようやく生計を成り立たせている世帯が増えている結果でもあるのです。

ケアレスマン・モデルの標準化が家族にもたらしたもの

以上のように、家族の多就業化が進むなかで深刻化してきたのが、労働時間と生活時間をめぐる問題です。先に見たように、もともと日本の企業社会では、家庭を顧みず、企業の求めに応じて働くケアレスマン・モデルの働き方が「標準」化していました。本来、女性の就業が進展して共働き家族が増えるならば、企業や政府が男女ともに労働時間の規制を徹底していかなければ、家族生活や子育てに悪影響が出てしまいます。ところが現状では、とくに正規社員では労働時間の見直しは進まず、むしろ男女ともに長時間労働が標準化し、家族から生活時間が奪われる状況になっています。

図表6－2は、年間二〇〇日以上労働の就業者（おおむね正規労働者）の週労働時間の分布を示したものです。労働基準法では週労働時間は四〇時間に規制されていますが、週労働時間四二時間以下の人は、男性労働者で三四％、女性労働者でも六三％にすぎません。他方、週四九時間以上働いている人が、男性では三九％、女性では一七％に及んでいます。社会的実態から見るならば、労働基準法の週四〇時間は標準的な労働時間になっておらず、むしろ残業することが「標準」となっています。

四〇時間以上の労働が標準となる傾向は男性により強く、育児のための短時間勤務や休業はほとんど取れないのが現実です。また、育休や短時間勤務をしようとしても、職場に迷惑をかける、

図表6-2　年間200日以上の就業者の労働時間

週労働時間	男性	女性
42時間以下	34%	63%
43～48時間	27%	20%
49時間	39%	17%

(「就業構造基本調査」より作成)

仕事への姿勢が不十分だと非難されることもあります（こうした現象をパタニティ・ハラスメントといいます）。近年、父親が育児にたずさわる機会は増えたといわれていますが、実際には男性の家事・育児の時間は一日あたり四二分にすぎず、女性の三時間三五分と大きな開きがあります（社会生活基本調査、二〇一一年）。これは、男性の意欲や能力の問題だけでなく、企業の働かせ方の問題でもあり、男性が家事・育児を担おうとすれば、仕事と家庭の二重負担が重くなりすぎます。近年では、親の介護で職場を退職し、失業して介護する男性の問題も深刻化しています。家庭役割と仕事の両立が難しく退職を余儀なくされる問題は、これまではもっぱら女性の問題とされてきましたが、家庭と仕事の両立問題が男性にも忍び寄っているのです。

また、女性は男性に比べると、残業時間が少なく、短時間勤務や休業も取れているように見えますが、同僚たちが長時間勤務をする職場ではそれも容易なことではありません。小林美希『職場流産』（岩波書店）では、深夜までの労働が当たり前の職場で働く女性が妊娠し、遅くまで働く同僚に気兼ねして、体調が悪いにもかかわらず働き続けて流産をしてしまうケースが紹介されています。妊娠がわかったとたんに、いじめや退職勧奨が始まるマタニティ・ハラスメントは、女性に対する差別ですが、長時間労働が恒常化する余裕のない職場が生み出す帰結でもあります。男性と同じように活躍したいと考えれば、長時間労働を余儀なくされます。その結果、子育て中の女性の長時間労働も増えつつあります。しかも、女性は家庭でも家事・育児を担っていますから、仕事と家庭役割の負担はより重くなっています。女性の睡眠時間は男性に比べて一三分少なく、子育て世代ではさらに短くなっていますが（社会生活基本調査、二〇一一年）、女性の仕事と家庭役割の重さゆえと言えるでしょう。

長時間労働は正規雇用に限られるものではありません。非正規雇用の人が稼ぎを増やそうと、長時間労働になるケースもあります。貧困は、経済的な貧困だけでなく、生活時間の貧困をもたらしているのです。

男女にとっての家族のゆくえ

以上のように、戦後日本では家族における性別役割分業を前提に、男性の長時間労働が行われてきましたが、その見返りとして男性労働者には日本型雇用が保障され、妻や子どもたちは夫・父に扶養される形で家族が維持されてきました。しかし近年では、生活のために男女がともに働く社会へと変容しています。にもかかわらず、家族生活との両立のために不可欠の労働時間規制は行われず、むしろ男女が長時間労働に駆り立てられ、「総活躍」が求められているのです。皮肉にも「男女共同参画」「一億総活躍」を進めることが、男女と家族の生活を過酷なものにしているのです。

では、こうした社会のなかで、若い世代はどのように家族を考えているのでしょうか。家族をどうつくっていくのかをめぐって、若い世代の男女の意識のズレを表す興味深い調査結果があります。「夫は外で働き、妻は家庭を守るべき」という考え方をどう思うかを聞いているのですが、二〇代の男性では反対が四八％から五三％に増え（二〇〇二→二〇一四年）ています。現代家族の困難を夫婦の共働きで乗り切ろうとする意識が強まっていると言えるでしょう。ところが二〇代の女性では、性別役割分業賛成が三三％から四〇％に増加しています（二〇〇二→二〇一四年、内閣府『男女共同参画社会に関する世論調査』、『女性の活躍推進に関する世論調査』）。これまで二〇代女性は、どの世代・性にも増して、性別役割分業への否定意識が広がっていたのですが、最近は逆に性別役割分業意識が強まっているのです。これまで見てきたような働くことと家庭生活の両立の難しさのなかで、性別役割分業を強めることで乗り切ろうと見通す若い女性が増えていると言えるでしょう。しかし現代の労働環境のもとで、こうした戦略が実を結ぶかを考えてみなくてはならないでしょう。

また、結婚と子育てをめぐる困難が増す一方、結婚できない・しない・困難現象が生まれています。とくに結婚困難現象は、長い間「一家の稼ぎ手」とされてきた男性に顕著に現れており、正規雇用の五七％が既婚者であるのに対し、非正規雇用は二五％しか結婚していません。また結婚だけでなく、雇用形態が恋愛にも影響を与えており、二〇代未婚男性では、正規雇用の三一％

が男女交際に意欲があると答えたのに対し、非正規雇用は一九％しか意欲があると答えませんでした（『平成26年度　少子化社会対策白書』）。結婚する・しない、恋愛する・しないは個人の自由ですが、雇用形態によって左右されるとなれば、それは新たな差別と言えるかもしれません。

どうやら私たちの社会は、結婚と家族をめぐって、抜き差しならない状況に追い込まれているようです。家族が総出で働き、家庭生活の時間が奪われるなかで、どうやって家族をつくるのか。そして、この問いに応えようとするなかで、私たちは男女の間に深い溝をつくり出してしまったのかもしれません。一部の女性たちは今はなき「男性稼ぎ手」と「主婦」を求め、男性たちは「男性稼ぎ手」像へのプレッシャーに戸惑ってしまっているように見えます。しかも「家族をつくらない」と思っている人でさえ、この問いから逃れられそうにもありません。なぜなら、職場には必ず、家族を持ち子どもを育てる同僚がいて、あなたの仕事が増えるかもしれないし、独身のあなたも介護という課題に直面するかもしれないのだから。

しかし、戸惑ったり性別役割分業家族にしがみついたりすれば、本当に問題は解決するでしょうか。より本質的には、女性に負担を押しつけない形で、性別役割分業を見直し、男性が女性と分担して家事・育児を担えるよう、社会を変えることこそが必要ではないでしょうか。ただ、やみくもに男性に「稼ぐ力」を求める女性が非現実的であるのと同じくらい、男性が妻に稼ぎを求めるだけなのも非現実的です。結果的に、そういう夫は妻に「稼ぎも家事も」求める暴君となりかねません。男性も女性も性をめぐる自分のとらえ方を見直し、自分の生き方を点検するとともに、男女がともに家族生活を営むための社会的な条件、制度整備が不足している現状を変える必要があるのです。そのために男性ができることは何か。家族や子どもを持ったときに、自らも家事・子育ての主体となること。職場に子育て中の同僚がいたら、支え合うこと。そして何よりも、それらをしやすい社会を、政治や社会活動を通じてつくりあげること。男女平等な社会をつくるための取り組みは、女性たちだけが担うものではないのです。

［参考文献］

後藤道夫『ワーキングプア原論』花伝社、二〇一一年
杉浦浩美『働く女性とマタニティ・ハラスメント』大月書店、二〇〇九年
デヴィッド・ハーヴェイ『新自由主義』作品社、二〇〇七年
中西新太郎・蓑輪明子編著『キーワードで読む現代日本社会』旬報社、二〇一三年
蓑輪明子「新自由主義時代における多就業化と新しい家族主義」『現代思想』二〇一三年八月号

COLUMN

ジェンダーを変えるためのもう一つの視点

ジェンダーを変えていくためには個々人のジェンダー意識を変えていくだけでなく、不安定で長時間労働を強いる働き方を変え、保育などの子育て支援を整備する必要があります。それは焦眉の課題です。

それとともに必要なのが、所得とケアの社会化です。ここでいう所得の社会化とは、賃金などの私的な収入ではなく、子ども手当や失業手当、生活保護などの公的な社会保障による所得保障を充実させていくことを指しています。また、ケアの社会化とは、保育や介護などのケアを家族ではなくて、自治体や地域などの協働組織で行うことをいいます。

これまで見てきたように、日本では性別役割分業を前提としたケアレスマン・モデルの労働と引き換えに、年功賃金が保障されてきました。これは同時に、生計費もケアも私的に――つまり個人と家族の力によって――維持されることを意味しています。生計費にしろ、ケアにしろ、個人と家族でまかなうのが標準で、社会的な所得保障やケア（家族ではなく社会的に提供される介護や保育など）の利用は例外だったのです。当然、社会的な所得保障、ケアは不十分にしか展開してきませんでした。こうした生活保障のあり方を家族主義的生活保障システムといいます。

その典型の一つが、高等教育費用の負担のあり方です。左の図は、各国の高等教育費を誰が負担しているのかを示したものですが、他国では公的な負担（無償ないし低額の学費＋返還不要の奨学金）が高く、日本では家計による私的な負担が著しく高いことがわかります。

家族主義的生活保障システムは、劣悪な仕事を温存するものでもあります。失業時の生活費、子育ての費用や教育費が社会保障でカバーされていなければ、親たちは子どものためにどんな仕事でもやらなければいけないでしょう。家族主義生活保障システムがあるからこそ、企業は劣悪な処遇の仕事でも見直しをせずに求人ができ、その結果、多くの仕事は劣悪なまま温存される就業構造になっているのです。

他方、社会的なケアの不足は、男女を性別役割分業家族に固定する要因となってきました。生活のためにどんな処遇でも働かざるをえないものの、家族のケアはどうしても必要なので、子どもが小さかったり親の介護が必要になったりしたときには、家族の誰かが（実際には、多くは女性が）フルタイムからパートタイムへと仕事を変えたり、仕事をやめなければならないからです。

こうした劣悪な労働と性別役割分業家族の悪循環を断ち切るためには、性に関わりなく、生計費とケアの最低限が社会的に保障され、生活できる条件を整えることが不可欠と言えるでしょう。

各国の高等教育費の負担割合

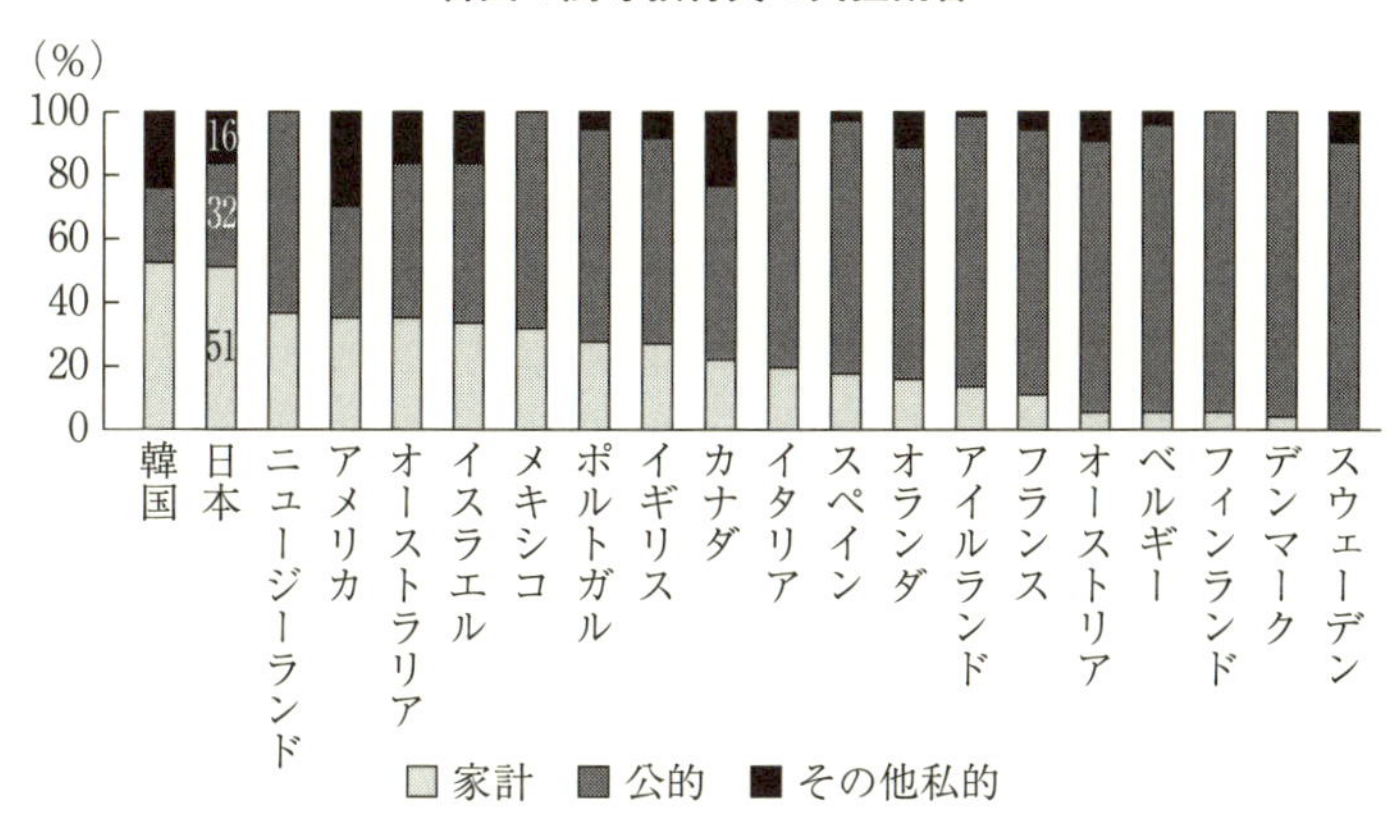

（注）ニュージーランド・フィンランドは家計負担にその他私的負担を含む。データは2006年。ただし、カナダは2005年。
（資料）OECD（2009）*Education at a Glance 2009*

キーワード・チェック

【女嫌い】

「女嫌い」は、性愛の対象として女性を好まない場合も使われます。しかし、多くはミソジニー（Misogyny）「女性蔑視」として使われる場合のほうが多いでしょう。「女はダメ」「女は劣る」などと女性一般を男性の下位に位置づけることで、家庭や労働での社会的差別を生むことにつながります。性的にも女性は主体性のない受け身の存在とされ、搾取や暴力を受けやすくなります。このような思考や構造が、男性優位社会を形づくっていく土台となっています。

【規範】

国家、社会、集団のなかで共有されている価値観、考え方のうち、人びとの行為の判断基準になるもの。報酬（賞賛や制度による保障、利益）と、罰（レッテル貼りや制度による不利益）の機能をともない、人びとに同調を促します。とくに、性別にもとづいて日常生活での振る舞い、言動から生き方の選択をも規定する規範を、ジェンダー規範といいます。

【結婚退職制度、若年退職制度】

結婚退職制度、妊娠・出産退職制度とは、結婚ないし妊娠・出産後、女性が退職しなければならないとする会社の制度・慣行。女性に対してのみ、若い年齢で定年退職を求める女子若年退職制度も存在しました。「女子労働者の雇用管理に関する調査」（労働省、一九七一年）によれば、結婚退職制度・慣行が八・九％、妊娠・出産退職制度・慣行が八・八％、若年退職制度・慣行が七・四％の企業に存在していたのです。しかし、女性差別だとする裁判提訴と判決が相次ぎ、男女雇用機会均等法で禁止されました。

【三歳児神話】

「子どもが三歳になるまでは、常時家庭で母親がみなければ、情緒や発達に悪影響が出る」という子育て観。一九六〇年代初頭に保育所利用を制限する政策が採られたことと、「三歳児健診」が全国規模で始まり、「三歳」という年齢の重要性が強調されたことを背景に、一九六〇年代から七〇年代にかけて日本に広く浸透しました。この神話の内容の真偽については、一九九八年に厚生省（当時）が「合理的根拠は認められない」として、否定的な見解を発表しています。

【シェアハウジング】

これまでの日本社会では、生活の基盤となる「住居」は同時に「家庭」の基盤にもなっていて、住居を共有するメンバーは同時に家族を指しているのが一般的でした。そのため、「住居」については親元で暮らすか一人暮らしをするか、あるいは新たな家庭を築いて一緒に住むか、というパターンしか選択肢が用意されてきませんでした。しかし寮生活や各種福祉系施設など、家族以外の他者と暮らす形態も一部には存在してきました。そして近年では、「友人／他人と暮らす」という試みも徐々に増えてくるようになり、それを総称して「シェアハウジング」と呼んでいます。

【ジェンダー平等】

多くの外国語の名詞には、男性、女性、中性という性があり、ジェンダー（gender）という英語は、もともとこの名詞の性を表しています。たとえば「海」という日本語は、フランス語 la mer（女性名詞）、イタリア語 il mare（男性名詞）、ドイツ語 das Meer（中性名詞）というように、文化によってその性は異なってしまいます。それと同じように、人間の性のあり方も、社会とその社会特有の文化によってつくられています。しかも、この世には生物学的にも男女だけではなく、それに当てはまらない人（たとえばインターセクシュアルな人）もいます。ましてや、人の性のあり方や性質は多様です。にもかかわらず、私たちの社会では、それがことさらに男と女に振り分けられてしまいます。それだけではありません。ほとんどの場合、男性が上で女性が下という優劣関係に置かれてしまいます。こうした男女に振り分けるジェンダーの差別をなくして、男女だけではなく、それに収まりきれない多様な人びとを尊重し平等なあり方をめざすこと、これを「ジェンダー平等」といいます。

【自己責任】

物事の結果とそれに伴う責任には、ほとんどの場合、個人的な要因と社会環境による要因（そして偶然）の両面が絡んでいます。しかし近年では、そのうち個人的責任ばかりがことさら強調され、国家や社会の要因・責務が免罪されてしまう、ということが起きています。そのような風潮・言説は、ある程度昔から続いてきたものではありますが、二〇〇〇年代以降は政府自身もしきりに「自己責任」を言い出すようになり、各種「自立支援政策」などでも、それが「強い個人」とワンセットになって強調されるようになっています。

【小1の壁】

子どもの小学校入学に伴い、母親の就労を困難にしているものを「小1の壁」といいます。保育所は開所時間が長く、親の出勤・退社時間に合わせて子どもを送迎できますが、小学校では登下校時間が決まっているうえに、下校後の子どもの預け先の整備も不十分です。また、通学の見守りやPTAの委員など、保護者が平日の昼間に地域で担う役割が増えることもあり、小学校入学の前後に多くの母親が働き方の変更や就労の中断を強いられています。

【つれあい】

友人間でも使われますが、結婚相手の呼び方として使われる場合のほうが多いでしょう。「主人」や「奥さん」という呼び方では、男女での使い分けや上下・主従関係につながるので、男女共通に使えて対等平等を示す呼び方として、「つれあい」を選択している人も少なくありません。ほかにも同様に、「パートナー」「相方」なども使われています。こうした呼び方だと同性カップルにも使えます。

【日本型雇用】

高度成長期における日本の雇用の特徴を表す用語。年齢に応じて増大する生活費に対応した年功賃金、入職から定年までの終身雇用、社宅や従業員向けの住宅ローンなど企業内福利等を保障する雇用のことで、高度成長期に多くの大企業正規社員に実現し、中小企業の処遇の模範ともなりました。日本の労働者は「日本型雇用」の利益を享受する一方、長時間労働など企業本位の働き方を余儀なくされました。こうした雇用のあり方は同じ時代の先進国には見られず、日本独特のものと言えるでしょう。

【バッシング】

バッシングとは、何かを攻撃すること（叩くこと）を指しますが、近年では「生活保護バッシング」「公務員バッシング」「ニートバッシング」など、誤解や偏見も多分に含んだ一方的な攻撃がなされています。それが事実であるかどうかは抜きにして、「話題性」をもとにテレビやネットなど各種メディアで取り上げられ、拡散していきます。それがたとえ誤った情報、偏った情報だとしても、既成事実であるかのようにされてしまうこともあり、差別や偏見を助長するものとして、大きな社会問題となっています。

【ＰＩＳＡ型学力】

ＯＥＣＤ（経済開発協力機構）は数学、科学、読解力の到達度を中心に、一五歳を対象にした「ＰＩＳＡ（ＯＥＣＤ生徒の学習到達度調査）」を、二〇〇〇年以降三年ごとに行い、今日では六〇か国以上がこれに参加しています。この調査は、従来の知識にとどまらず、思考力や判断力、問題解決能力などを見ようとしていますが、その大きなねらいは、新自由主義政策の枠内で人間の能力を丸ごと収奪し、世界市場における経済的競争力を高めることにあります。しかも、ユネスコのような国際的な教育機関でないにもかかわらず、ＯＥＣＤは今やＰＩＳＡにもとづいて、各国を「できる国」や「がんばる国」として評価さえしているのです。文部科学省は、ＰＩＳＡを全国学力テストへと取り込みつつ、子どもたちをグローバルな学力競争に巻き込んでいます。

【ホモフォビア】

ホモフォビア（Homophobia）とは、同性愛や同性愛者に対して恐怖、嫌悪、拒絶、偏見などネガティブなイメージを持つことを意味します。今、先進国の多くは同性愛や同性婚など、家族や性の多様性を認める方向にあります。しかし、保守的な宗教観や道徳観などにもとづいて同性愛（行為）を違法としている国も、現在約七〇か国以上あります。なかには死刑となる国もあります。日本は先進国のなかでは遅れた国の一つで、同性婚やそれに準じる法の整備がなされていないのが現状です。

あとがき

ジェンダー論の講義を始めるときに、受講生に「ジェンダー」という言葉から何をイメージするかを尋ねると、「男女平等を求める女性の主張」や「女性の社会進出」という答えが返ってきます。大学生の多くは、中学校の公民の授業で男女雇用機会均等法や、男女共同参画社会について学ぶなかで、「ジェンダー」を女性の問題ととらえているようです。これは半分正解ですが、ジェンダーはもっと広い視角でとらえる必要があります。

元来、西欧語の名詞や活用語の性の分類を意味する「ジェンダー」という言葉は、一九八〇年頃から、生物学的な性を意味する「セックス」に対して社会や文化によって形成される性を意味する言葉として、社会科学や人文科学の分野で使われるようになりました。この言葉自体は中立的なもので、性差や性別について擁護または批判するという志向性は持ち合わせていません。しかし、社会的・文化的な性という視点が見出され、それを意味する言葉として「ジェンダー」が使われるようになったことで、女性の地位の向上を求める運動や思想は、大きな発展を遂げることができました。

このような生い立ちをもつ「ジェンダー」は、女性の問題と密接な関わりをもって一般に普及してきましたが、九〇年代に入ると、男性もまた社会的・文化的に形成される性によって、さまざまな問題を抱えていることが指摘されるようになりました。そして、心身の強さや一家を養う力を要求されるとともに、感情の抑制を強いられ、競争にさらされる「男らしさ」に疑問を呈し、ジェンダーの変革を目指す男性運動（メンズリブ）が世界の数々の国で興りました。しかし、このような問題提起は、それまでの社会システムにおいて男性が手にしてきた経済力や権力などの利益と相反するものであったため、未だ劇的な変化は見られず、ジェンダーの規範は多様な個性と対立し、人びとの「生きづらさ」を生み出しつづけています。それどころか、近年の経済状況の悪化やそれに伴う雇用の劣化が、男性の既得権益であった経済力や社会的地位の安定を奪い去り、実体をなくした「男らしさ」「女らしさ」の呪縛が、世代間の意識差をも増幅させています。今こそ、性別にかかわらず、あらゆる人びとがジェンダーに関わる問題を自分のこととしてとらえ、その視点を社会の改善に生かしていかなくてはなりません。

本書は、長年にわたり家族問題の相談援助にたずさわれている市川季夫さんの呼びかけがもとになって企画されました。市川さんが日々のカウンセリングで向き合う現代男性の「生きづらさ」を糸口に、日本が抱える問題を読み解き、解明しようという目的のもと、二〇一四年の夏に専門領域の異なる六人の著者が集まりました。約一年半にわたり、日常の身近な出来事から教育、労働政策まで議題を持ち寄り、ざっくばらんな話し合いを重ねてきました。三〇代から六〇代の幅広い年代の著者が集ったことで、世代間の意識差に寄り添いながら議論を深めることができたと思います。

家庭にまつわる身近な相談事例を軸に、学校生活、セクシュアリティ、若者支援、育児、労働という、ライフステージの各段階で男性が直面する問題について、それぞれの著者が専門知識や経験を生かしつつも、わかりやすく解説するように心がけました。本書を手に取った方に、ジェンダーの問題をより身近に感じていただけたら幸いです。

最後になりましたが、企画の当初から議論を温かく見守りながら、時にご自身の経験を交えて鋭い指摘を投げかけ、本書を完成まで導いてくださったはるか書房の小倉修さんに心より感謝を申し上げます。ありがとうございました。

二〇一六年七月

著者を代表して　加野　泉

執筆者プロフィール

●

池谷壽夫（いけや ひさお）

了徳寺大学教養部教員。博士（社会福祉学）。哲学・教育哲学の視点から、ジェンダー・セクシュアリティと教育の問題、とくに男子問題に取り組んでいる。著書『ドイツにおける男子援助活動の研究』（大月書店、2009年）、『大人になる前のジェンダー論』（共著、はるか書房、2010年）、『こんなに違う！　世界の性教育』（共著、メディアファクトリー、2011年）など。

●

市川季夫（いちかわ すえお）

名古屋家族相談室長。主に、カップル・カウンセリングなど家族相談を行っている。日本福祉大学、人間環境大学等非常勤講師。著書『相談の力』（共著、明石書店、2016年）、論文「ＤＶを主訴とした夫婦の面接」（『家族療法研究』金剛出版、2011年）など。

●

加野　泉（かの いずみ）

日本福祉大学社会福祉学部非常勤講師。ジェンダー論担当。社会学の視点から、教育と子育てに関わるジェンダー役割意識・規範についての分析をしている。論文「ヘッドスタート政策にみる包摂の条件――クリントン改革が目指した能力開発」（『社会文化研究』第16号、2014年）など。

●

関口久志（せきぐち ひさし）

京都教育大学教育支援センター長兼教員。"人間と性"教育研究協議会幹事。人権に基づくセクシュアリティ教育・ジェンダー教育に取り組んでいる。著書『性教育の輪　連携法！』（十月舎、2007年）、『性の幸せガイド』（エイデル研究所、2009年）、『ハタチまでに知っておきたい性のこと』（共著、大月書店、2014年）など。

●

南出吉祥（みなみで きっしょう）

岐阜大学地域科学部教員。教育学をベースにしながら、若者の生活現実および若者支援のありようなどを研究している。著書『高卒５年　どう生き、これからどう生きるのか』（共著、大月書店、2013年）、『「若者支援」のこれまでとこれから――協同で社会をつくる実践へ』（共著、かもがわ出版、2016年）など。

●

蓑輪明子（みのわ　あきこ）

名城大学経済学部教員。経済理論、現代資本主義論を担当。女性労働、家族に関する現状分析および歴史研究を行っている。著書『キーワードで読む現代日本社会』（編著、旬報社、2012年）、論文「新自由主義時代における家族の多就業化と新しい家族主義の登場」（『現代思想』2013年8月号）など。

編者

池谷壽夫（いけや　ひさお）
市川季夫（いちかわ　すえお）
加野　泉（かの　いずみ）

執筆者プロフィールは右ページ参照

男性問題から見る現代日本社会

二〇一六年九月三〇日　第一版第一刷発行

編　者　池谷壽夫・市川季夫・加野　泉
発行人　小倉　修
発行元　はるか書房
東京都千代田区三崎町二―一九―八　杉山ビル
TEL〇三―三二六四―六八九八
FAX〇三―三二六四―六九九二
発売元　星雲社
東京都文京区水道一―三―三〇
TEL〇三―三八六八―三二七五
装幀者　丸小野共生
製　作　シナノ

定価はカバーに表示してあります
落丁・乱丁本はお取り替えいたします
ISBN978-4-434-22410-2　C0036

＊はるか書房の本＊

ここから探検隊制作
10代のモヤモヤに答えてみた。
●思春期サバイバル２（Q＆A編）
本体一四〇〇円

ここから探検隊制作
思春期サバイバル
●10代の時って考えることが多くなる気がするわけ。
本体一四〇〇円

中西新太郎著
思春期の危機を生きる子どもたち
●子どもたちの生きづらさの真因を解明
本体一七〇〇円